PÈLERINAGE
DE SAINT-MÉEN.

CHARLEVILLE, TYPOGRAPHIE A. POUILLARD.

PÈLERINAGE
DE SAINT-MÉEN

A ATTIGNY

(ARDENNES, DIOCÈSE DE REIMS)

AVEC APPROBATION DE S. EM. MGR LE CARDINAL
ARCHEVÊQUE DE REIMS.

CHARLEVILLE,
TYPOGRAPHIE DE AUGUSTE POUILLARD.
1859

AVERTISSEMENT.

Depuis un temps immémorial, la fête du bienheureux saint Méen, abbé, se célèbre tous les ans à Attigny, diocèse de Reims, le 12 du mois de juin, ou le lundi suivant, si le 12 est un dimanche.

Il y a, pour le jour de cette fête, premières et secondes vêpres, messe solennelle précédée d'une procession avec le très-saint Sacrement, lequel reste exposé seulement pendant la messe. On donne la bénédiction avant et après la procession; il y a aussi bénédiction au salut, après les premières et les secondes vêpres. — Indulgence plénière.

L'église d'Attigny possède des reliques de saint Méen et de saint Judicaël, son disciple ; elles ont été apportées de Bretagne par M. Frisant, curé de Saint-Méen, le 12 juin 1836.

Les offrandes déposées dans le tronc de Saint-Méen sont employées, selon l'ancien usage, partie à l'entretien de la chapelle, partie pour les messes à l'intention des Pèlerins. — Désormais la messe se dira tous les jeudis libres, à 7 heures 1/2.

PÈLERINAGE

DE SAINT-MÉEN.

I.

AUX PÈLERINS DE SAINT-MÉEN.

Chers Frères en N. S. J.-C., au premier coup-d'œil, surtout quand on le regarde à travers le prisme de la jeunesse ou dans le mirage des passions, le monde apparaît bien beau, bien séduisant; ce n'est que joie, plaisir, divertissement, bonheur sans mélange et sans fin. « Venez à moi, nous dit-il comme les impies dont il est parlé dans la Sagesse (1), le temps est court, il faut savoir en profiter. Usons des biens qui nous sont offerts; buvons et mangeons, ne nous refusons ni vins, ni viandes, ni parfums, ni concerts; couronnons-nous de roses, tandis qu'elles sont en fleurs; pas de violence à notre nature, ne luttons pas inutilement contre notre cœur, *aux attraits du penchant cédons sans résistance*, et

(1) Sap., 2, 1.

que toutes les étapes de notre vie fugitive gardent des trophées de notre ivresse et de nos festins. Si les dévots nous sont à charge par leur regard accusateur et par leur sévère morale, nous saurons bien nous en délivrer et nous mettre à l'abri de leur inquisition. »

Qui ne se laisserait prendre à ce langage trop attrayant? Aussi les jeunes gens y répondent en foule, en dépit de leur conscience, en dépit de l'Eglise, en dépit de leurs parents et des prêtres de J.-C. Chacun veut tremper ses lèvres au calice promis, boire à longs traits à la coupe enchantée.

Mais, une fois victorieux, le monde se montre-t-il aussi débonnaire envers ses malheureuses et imprudentes victimes? Hélas! vous le savez mieux que personne, chers et bien-aimés Pèlerins, il ne tient, en réalité, aucune de ses paroles. Menteur comme Satan son père, s'il a les yeux et les bras affectueux en apparence, son sein est un abîme, son haleine est un feu qui brûle comme la foudre, et ses caresses sont les étreintes de la mort. Quand il vous a corrompus, avilis, déshonorés, au lieu de vous témoigner quelques sentiments de pitié et de compassion, comme les bourreaux de N. S. J.-C. après sa mort, il ne demande qu'à vous achever en vous frappant avec l'arme à deux tranchants du mépris et du désespoir, ou en vous poursuivant de ses railleries et de ses sarcasmes. « Nous ne voulons plus de vous, dit-il, éloignez-vous de nous; votre présence nous est insupportable; cachez-vous dans votre honte et ne venez pas attrister nos réunions joyeuses. »

Encore s'il laissait libre le chemin qui conduit à Dieu dans cette terre de proscription! Mais non! ce serait trop pour lui. Quand il tue, il tue sans merci; et afin que la mort soit bien sans remède, il creuse un abîme sans fond entre la misère et la miséricorde. « A quoi bon prier désormais, dit-il aux malheureux, votre iniquité est trop grande pour en obtenir le pardon; Dieu ne vous entendra même pas. Plus de réhabilitation possible; vous êtes perdus, perdus à jamais! » Et si, malgré ces sombres et décourageants défis, les âmes souffrantes s'obstinent cependant à crier vers Dieu, comme l'aveugle de Jéricho, dans les bas-fonds où elles ont été précipitées, alors le monde a recours à un autre système d'attaque, il traite de momeries, de petitesses, de superstitions ridicules, les humbles expiations de la pénitence ou les supplications de la prière. Est-il rien de plus cruel et de plus digne de l'enfer?

Voilà pourtant le monde, bien-aimés Pèlerins; il séduit, il blesse, il tue; puis il vous ensevelit dans votre mort, et pose des gardes autour de votre tombeau pour empêcher la résurrection qu'il tourne en dérision quand elle advient malgré tout, comme celle de N. S. J.-C.

C'est pour vous défendre et vous soutenir contre ce perfide ennemi, que je vous offre aujourd'hui, bien-aimés Pèlerins, quelques consolations, quelques vérités tirées de la révélation d'un Dieu tout miséricordieux et qui nous sont proposées par l'Eglise de N. S. J.-C., toute bonne comme son adorable époux.

Oh! que n'ai-je le pouvoir de Jésus! Que n'ai-je la puissance de guérir les corps comme les âmes! J'étendrais la main sur vous, à l'exemple du bon Sauveur, et je vous bénirais, Mes Frères affligés, vous disant à tous, sans exception : « Allez, votre foi vous a sauvés! » Mais non, je ne suis ni prophète, ni fils de prophète. Comme vous, chers Pèlerins, je suis un homme faible, pécheur, justiciable de la miséricorde divine, et je sens que mon bras est moins grand que mon cœur pour le soulagement de l'humanité souffrante. Je me borne donc à vous offrir des secours purement spirituels. N'accepterez-vous pas de bon cœur ce pain divin qui nourrit, fortifie et réjouit l'âme, lors même que le corps est malade, sans forces, et dévoré par des plaies incurables?

Je vous prouverai simplement : 1° que vos plaies n'accusent pas par elles-mêmes une dégradation personnelle; 2° qu'elles ne sont pas un obstacle à la miséricorde divine, quelle qu'en soit la cause; 3° que vous pouvez recourir à la prière, à la protection de Dieu et de saint Méen, en quelqu'état que vous soyez; 4° que le monde ne peut être reçu à témoignage contre vos pèlerinages et vos pratiques religieuses, autorisés par Dieu, par l'Eglise, par la tradition, par la droite raison et par une foule de miracles à votre connaissance.

Vous voyez, bien-aimés Pèlerins, que je suis, pour votre justification et votre défense, la même marche que le monde dans ses cruelles poursuites. Fasse le Ciel, en attendant les miracles par l'intercession de saint Méen, que l'huile et le vin que je viens verser sur vos maux puissent, sinon les guérir, au moins les rendre supportables. Je n'en demande pas davantage à N. S. J.-C. et à notre bonne Vierge Marie, salut des infirmes, pour la plus grande gloire de Dieu et pour l'honneur de notre bien-aimé patron d'Attigny.

II.

CE QUE C'EST QUE LE MAL SAINT-MÉEN.

On donne, en général, le nom de mal Saint-Méen aux éruptions cutanées, c'est-à-dire à ces taches, vésicules, pustules, squames de différentes sortes qui apparaissent sur la peau, en altèrent la couleur, la texture, les fonctions, et donnent lieu à des croûtes, à des écailles de toute nature, avec démangeaisons et cuisson. Mais nous croyons que le mal Saint-Méen n'a pas une extension aussi grande, et qu'on peut le restreindre aux inflammations squameuses que les médecins nomment lèpre, psoriasis, pityriasis, icthiose, lupus, éléphantiasis, dartres furfuracées, volantes ou rongeantes, qui détériorent la peau à la surface et souvent jusque dans la profondeur des tissus.

Le mal Saint-Méen est une maladie très-

III.

LE MAL SAINT-MÉEN, PAS PLUS QUE LES AUTRES MALADIES, N'ACCUSE PAR LUI-MÊME UNE DÉGRADATION PROPRE.

Jésus, passant dans une rue de Jérusalem, rencontre un malheureux aveugle de naissance. « Qui a péché, demandent les disciples, pour être cause que cet homme vint au monde sans jouir de la lumière? Est-ce lui, ou ses parents (1)? »

Peut-être, chers Pèlerins, avez-vous entendu plus d'une fois de pareilles questions sur votre propre compte, car le monde est impitoyable à l'égard des malheureux, et quand il se trouve devant lui une douleur mystérieuse et inexplicable, un aveugle cherchant sa route le long des murailles, un muet gardant captives les pensées qu'il a conçues, un pauvre chargé de

(1) Joan., 9, 1.

sa besace, ou un visage défiguré par quelque mal rongeur comme le vôtre, vite il juge défavorablement, même en jetant son liard d'aumône, et s'il ne formule pas une condamnation, il se plaît, au moins, à examiner la vie du patient, ou à fouiller dans les archives de sa famille, pour trouver la cause coupable de ces dégradations physiques auxquelles il a le bonheur d'échapper. C'est sa faute, dit-on, c'est la suite de son intempérance, de ses excès, de ses imprudences, etc.; et les parents ne sont pas épargnés.

Eh! chers Pèlerins, n'est-il pas bien pénible d'avoir à porter le lourd fardeau de ces cruelles sentences, de ces doutes injurieux, au tribunal de l'orgueil humain, auquel pourtant tout jugement est interdit (1)!

Mais rassurez-vous, les jugements des hommes ne sont pas irréformables. Accusés par tous, vous pourriez encore être justifiés par Dieu, comme tant de saints que le monde avait proscrits. Ecoutez la bonne parole de notre divin Maître, ce sera votre première consolation : « Ce qui fait que cet homme est né aveugle, dit notre bon Sauveur à ses disciples en leur mon-

(1) Math., 7, 1.

trant le patient de l'Evangile, ce n'est pas qu'il ait péché, ni ses parents non plus : *Neque peccavit hic, neque parentes ejus* (1). »

Courage donc, bien-aimés Pèlerins, n'allez pas vous croire au pilori, parce que vous souffrez, parce que les traits de votre visage sont défigurés ; soutenez sans honte les regards curieux du monde, car vous l'avez entendu, et je me plais à vous le redire après N. S. J.-C., la vérité même : les maladies du corps n'accusent par elles-mêmes aucune dégradation propre et personnelle ou congéniale ; ainsi on ne peut rien arguer de votre mal contre vous ou contre vos parents, et tous les jugements à ce sujet sont au moins téméraires.

On cite bien Marie, la sœur de Moïse, frappée de la lèpre pour avoir parlé avec insolence de la mission divine de son frère (2) ; on cite bien Oza, dévoré par le feu de la colère divine pour avoir porté sur l'Arche sainte une main téméraire (3) ; on cite aussi Elymas, le magicien, privé de la vue par saint Paul, pour s'être opposé à la propagation de l'Evangile (4) ; et Giégi,

(1) Joan., 9, 3.
(2) Num., 12, 10, etc.
(3) II Reg., 6, 7.
(4) Act., 13, 8, etc.

le serviteur d'Elisée, livré par son maître à une maladie incurable pour son avarice ignoble auprès de Naaman le Syrien (1); mais, d'un autre côté, ne voyons-nous pas le saint homme Job, toujours pur, toujours fidèle, toujours innocent, toujours ferme dans la foi, merveilleusement éprouvé, dépouillé de tous ses biens, torturé par les plus cruelles souffrances, réduit à pleurer sa misère, sur un fumier, au milieu de ses amis qui l'insultent, à côté de sa femme qui lui prêche le désespoir (2)? Et le saint homme Tobie, toujours irréprochable, toujours inébranlable dans l'observation des commandements de Dieu, malgré les passions de la jeunesse, les scandales de l'impiété et les épreuves des persécutions, toujours dévoué au soulagement de ses frères, n'est-il pas frappé de la main du Seigneur, privé de sa fortune, de la liberté, de la vue, au moment même où il s'immole dans les œuvres de la plus parfaite charité (3)?

Non, non, chers Pèlerins, les misères corporelles ne sont pas une condamnation, pas plus

(1) IV Reg., 5, 27.
(2) Job, 2, 8, etc.
(3) Tob., 2, 10, etc

qu'une santé florissante n'est une justification pour l'impie. Il y a des saints au martyre, tandis que des pécheurs, et de grands pécheurs, paraissent au Paradis terrestre. Nous rencontrons souvent des personnes très-honorables frappées du mal Saint-Méen ; des prêtres estimables en tout point, de pieuses religieuses, des chrétiens fervents sont venus à Attigny demander à notre saint la guérison de cette affreuse maladie, qui leur rendait impossibles leurs saintes fonctions ; et les plus malades de nos Pèlerins ne sont pas toujours les plus grands coupables. Est-ce que Dieu n'a pas ses desseins adorables dans la distribution de ses fléaux ? Qui a assisté à ses mystérieux conseils ?

Sans doute les péchés actuels amènent parfois les plus grands désordres dans la constitution du corps humain. L'orgueil et l'avarice peuvent troubler l'esprit ; l'intempérance et la colère peuvent énerver les forces vitales ; l'impureté surtout peut vicier le sang et engendrer les maladies inconnues, dignes des honteux plaisirs qu'on lui a demandés, et toutes ces misères peuvent se transmettre de générations en générations. Mais il est tant de causes extérieures, indépendantes de notre volonté, pour nous amener à ces mêmes résultats, qu'il serait injuste de les attribuer toujours aux excès de notre volonté propre, ou aux faiblesses de nos pères et mères. Je ne connais, en réalité, qu'un péché originel dont nous ne puissions éviter les fâcheuses conséquences, c'est le péché de notre premier père, qui, en mangeant du fruit défendu, a jeté la perturbation dans la nature humaine et nous a soumis à la concupiscence, aux misères de la vie et à la mort. Voilà la cause première de toutes nos maladies, celle qui nous rend corvéables à merci de tous les maux imaginables, fussions-nous innocents de tous les péchés actuels. Or, qui a échappé à cette dégénérescence primitive? La Vierge Marie seule, par l'ineffable privilége de son immaculée Conception.

Ne vous enorgueillissez donc pas, vous, Mes chers Frères, qui êtes maintenant sains de corps, car demain peut-être vous paierez votre tribut à n'importe quelle maladie. Au lieu de les dédaigner, couvrez vos frères souffrants et humiliés du voile de la compassion et de la charité, car ils sont les enfants de Dieu comme vous, aussi agréables et peut-être plus agréables que vous aux yeux de notre Père qui est dans le Ciel.

IV.

LE MAL SAINT-MÉEN, COMME TOUTES LES AUTRES MALADIES, EST UNE PREUVE DE LA PRÉDILECTION DIVINE.

Loin d'être un cachet de honte, un argument accusateur, le mal Saint-Méen, comme toutes les autres maladies, est plutôt une preuve de la prédilection divine, non-seulement quand il nous est envoyé comme épreuve, mais encore quand il nous est infligé comme punition : car il est écrit que le Seigneur châtie ceux qu'il aime; et les souffrances nous sont présentées, dans tout l'Evangile, comme une faveur d'En-Haut (1).

En effet, personne au monde n'a été et ne sera jamais aimé de Dieu autant que N. S. J.-C., le Verbe incarné, en qui le Père éternel et tout

(1) Heb., 12, 6.

puissant avait mis toutes ses complaisances (1). Or, qui a eu à supporter ici-bas la plus grande somme de misères et de douleurs? N'est-ce pas aussi N. S. J.-C.? « Nous l'avons vu, disait le prophète Isaïe : il était couvert de plaies depuis les pieds jusqu'à la tête; il n'avait plus ni apparence, ni beauté ; nous l'avons vu tellement défiguré que nous ne pouvions plus le reconnaître (2). » C'est bien là le bon Sauveur que nous adorons toujours, après la flagellation, couronné d'épines et attaché à une croix (3).

Je vous le demande, bien-aimés Pèlerins, avez-vous jamais été éprouvés comme ce divin modèle de souffrances, comme celui qui a voulu être appelé l'homme de douleurs? N'est-ce donc pas une faveur insigne de ressembler, au moins de loin, au Verbe incarné, à celui qui est la voie, la vérité et la vie?

Après Jésus vient Marie, la plus pure des créatures, la Vierge sans tache que l'ange a saluée pleine de grâce, et par conséquent la plus aimée du Père, du Fils et du Saint-Esprit; c'est la mère des sept douleurs, la reine des mar-

(1) Math., 17, 5.
(2) Isaïe, 53, 2 et 3.
(3) Math., 27, 26.

tyrs, dont le cœur a été percé d'un glaive (1). Tous les saints, les plus avancés dans l'intimité de Dieu, suivent cette mère incomparable dans la voie des humiliations, des épreuves et des souffrances (2). Ah! quel honneur d'avoir quelques traits de ressemblance avec tous ces bénis du Père céleste!

Aussi N. S. J.-C. l'a proclamé en tête de la constitution chrétienne : Bienheureux ceux qui pleurent, bienheureux ceux qui souffrent persécution pour la justice (3). Saint Pierre a enseigné les mêmes principes que son divin Maître (4); saint Jacques aussi (5); et saint Paul, l'un des plus grands saints et des plus grands martyrs, a apposé cette magnifique conclusion dans son épître aux Philippiens : « Il vous a été donné, par les mérites de J.-C., non-seulement de croire en lui, mais encore de souffrir pour lui (6); » et il ajoute dans son épître à Timothée : « Tous ceux qui veulent vivre pieusement en N. S. J.-C. souffriront persécution,

(1) Luc, 2, 35.
(2) Heb., 11, 33, etc.
(3) Math., 5, 7, 10, 11, 12.
(4) I Petr., 4, 15 et 16.
(5) Jac., 1, 2, 3 et 4.
(6) Phil., 1, 29, 30.

c'est-à-dire seront éprouvés (1). » Ainsi la souffrance, aux yeux de l'apôtre, marche de pair avec la foi, sans laquelle on ne peut plaire à Dieu (2). C'est donc un cachet pour le Ciel, un passeport pour le Paradis, où le Christ lui-même n'est entré que par la douleur (3).

Réjouissez-vous donc au lieu de vous décourager, bien-aimés Pèlerins, et regardez les plaies qui vous défigurent comme des stigmates sacrés qui vous rendent semblables à N. S. J.-C., comme des caractères surnaturels qui vous révèlent la prédilection de Dieu, comme une carte céleste qui vous fera ouvrir la porte des tabernacles éternels.

(1) II Tim., 3, 12.
(2) Heb., 11, 6.
(3) Luc, 24, 26.

V.

LE MAL SAINT-MÉEN, COMME TOUTES LES AUTRES MALADIES, EST POUR LA PLUS GRANDE GLOIRE DE DIEU.

Voilà une grande vérité de la révélation catholique. Coupables ou non, nous ne sommes affligés que pour la plus grande gloire de Dieu : c'est N. S. J.-C. lui-même qui nous l'assure en parlant de l'aveugle-né. « Ce qui fait, nous dit-il, que cet homme est né aveugle, ce n'est pas qu'il ait péché, ni lui ni ses parents, mais afin que l'opération de Dieu soit manifestée en lui (1). » Et la preuve ne s'en fit pas attendre, Notre bon Sauveur ayant rendu la vue à ce malheureux, au grand désespoir de la Synagogue, par un de ses miracles les plus manifestes (2).

Or, ce que N. S. J.-C. a dit de l'aveugle-né,

(1) Joan., 9, 3.
(2) Joan., 9, 7.

je le répète à tous les affligés, avec la liberté et la certitude de la foi : il n'est pas de misère, pas de souffrance, pas de maladie qui ne soit pour la plus grande gloire de Dieu ; et nous ne devons jamais voir autre chose dans nos épreuves et dans celles de nos frères, eussions-nous dévoilé, dans notre conscience ou dans la leur, des faiblesses secrètes propres à allumer la colère divine.

Méditez bien ceci, chers Pèlerins de Saint-Méen, le bon Dieu seul est grand, seul tout-puissant ; à lui seul tout honneur et toute gloire (1) : le reste n'est que vanité.

Mais les hommes ne comprennent pas toujours ces grandes vérités, surtout en pratique. Souvent, au contraire, ils veulent s'élever et se complaire dans leur propre excellence, principalement pour leurs avantages extérieurs, la fortune, les dignités, la force, la santé, la beauté physique. Alors, pour nous ramener à la réalité, pour prouver son souverain domaine et la futilité de tous les biens terrestres, Dieu frappe, à gauche et à droite, ces corps qu'on engraisse, qu'on orne, qu'on parfume, qu'on encense, dont on voudrait faire des idoles ; et à mesure

(1) I. Tim., 6, 15 et 16.

que le Créateur déploie la force de son bras, soit sur un coupable, soit sur un innocent, toujours avec justice, ne fût-ce qu'à cause du péché originel, son empire se rétablit, tout orgueil disparaît, et l'homme redescend, dans ses pensées, à son rang infime, confessant la majesté incommunicable du seul être immuable et éternel. Est-il rien de plus digne du Ciel et de plus avantageux pour le salut des âmes?

Or, Dieu arrive infailliblement à ses fins, soit par la conversion de ses enfants qui adorent dans l'humilité, soit par la fureur des récalcitrants qui s'usent dans de stupides blasphêmes, aussi glorieux pour le Tout-Puissant qu'une modeste prière. Julien l'apostat, frappé par une flèche mystérieuse, jette son sang contre le Ciel en criant : « Tu as vaincu, Galiléen ! » N'était-ce pas un acte de foi, stérile à la vérité, mais aussi réel que celui du martyr de Hus, quand il disait au Seigneur qui lui avait tout enlevé : « Dieu m'avait tout donné, il m'a tout repris, que son saint nom soit béni (1). » Les Cieux publient la gloire de Dieu par leurs affectueux cantiques, mais l'Enfer la publie également par ses terreurs et ses grincements de dents (2). »

(1) Job, 1, 20, 21.
(2) Jac., 2, 19.

Vous désespérerez-vous donc, bien-aimés Pèlerins, vous tous qui avez à souffrir le mal Saint-Méen ou quelqu'autre infirmité? Ne vous réjouirez-vous pas, au contraire, de servir à la manifestation de la gloire de Dieu, de pouvoir ajouter un rayon de plus à sa couronne accidentelle, comme l'aveugle-né : *Ut manifestentur opera Dei in illo.* Sans doute, aux yeux de la nature, il serait plus doux d'avoir à le bénir dans la prospérité et la joie; mais puisque nous sommes sa propriété, sa chose, adorons-le également dans l'adversité et la souffrance, et comme les apôtres, comme tous les saints, estimons-nous heureux d'une épreuve que notre Père du Ciel saura faire tourner à notre profit spirituel.

VI.

LE MAL SAINT-MÉEN, COMME TOUTES LES AUTRES MALADIES, EST POUR NOTRE PROFIT SPIRITUEL.

Quand vous jouissiez d'une parfaite santé, qu'en faisiez-vous, chers Pèlerins? Tout peut-être, excepté ce que vous deviez en faire. Vanités, plaisirs, divertissements, amusements de tout genre, vous vouliez boire à tous les calices du monde. Aussi la foi s'éclipsait dans votre âme, la charité se refroidissait dans votre cœur pour faire place à des amours profanes. Votre existence était devenue une vie toute sensuelle, toute charnelle, pleine de passions et de mauvais penchants; en un mot, vous faisiez de votre santé un instrument pour creuser le sol de l'Enfer, dont la fumée montait peut-être déjà jusqu'à vous. Mais depuis que Dieu vous a humiliés, n'avez-vous pas gagné infiniment pour la vie surnaturelle (1)? Votre âme ne s'est-elle pas embellie à mesure que votre corps s'est défiguré?

Obligés de fuir le monde, qui ne caresse que ce qui est beau, frais et rosé, vous êtes rentrés en vous-mêmes, comprenant la grande parole du plus riche, du plus brillant et du plus honoré des rois: « Vanité des vanités, et tout est vanité (2). » Alors, confus de vos égarements premiers, vous avez relevé dans votre âme l'édifice de la religion, vous êtes revenus à Dieu, vous vous êtes purifiés au saint tribunal de la pénitence et vous avez achevé de vous sanctifier par une bonne communion. Puis vous avez repris vos pratiques pieuses, la sanctification du dimanche, la sainte messe, la prière, l'abstinence, et surtout la Pâque adorable dont vous ne faisiez plus grand cas peut-être; en un mot, vous êtes redevenus chrétiens.

La maladie de votre corps a donc été la santé de votre âme. N'est-ce pas là une magnifique compensation, un profit immense? Tout pour rien, car l'âme c'est tout. Qu'importe la vie animale avec tous ses avantages; qu'importent même les biens de l'intelligence, les biens de

(1) Ps. 118, 71.
(3) Eccl., 1, 2.

l'esprit, les biens du cœur, pourvu que nous ayons les biens de la grâce, les biens surnaturels, la vie divine? Mieux vaut le Ciel avec la lèpre que l'Enfer avec un corps bien sain (1).

Ne vous affligez donc pas trop, Pèlerins de Saint-Méen, réjouissez-vous plutôt, puisque vos souffrances vous rapportent de si gros intérêts, et ne désirez pas même votre guérison, si la santé devait vous entraîner de nouveau dans les voies de la perdition.

(1) Math., 5, 29 et 30.

VII.

LE MAL SAINT-MÉEN, COMME TOUTES LES AUTRES MALADIES, EST AUSSI POUR LE PROFIT SPIRITUEL DES AUTRES.

—

Non-seulement, chers Pèlerins, votre infirmité peut vous être profitable au point de vue de votre salut éternel, mais elle peut encore être infiniment avantageuse à vos frères, à nous tous qui ne sommes pas éprouvés comme vous. N'est-ce pas encore une pensée bien consolante pour un cœur vivifié par la charité?

Vos plaies nous prêchent le néant des choses humaines : vanité de la santé, vanité de la beauté, vanité des plaisirs, vanité du corps qu'un souffle renverse, qu'un petit mal défigure, que les vers doivent ronger tôt ou tard, bientôt.

En vous voyant, les mondains sont forcés de rentrer en eux-mêmes. « Voilà pourtant, se disent-ils tout bas, le travail de la mort sur la jeunesse en sa fleur ; deux jours suffisent pour faire d'une reine de bal, d'une déesse de beauté, un être hideux qu'une mère même ne peut voir qu'avec peine. » Alors vient la réflexion ; ils entrevoient la futilité de ce qu'ils adorent, et ils se reportent naturellement vers les biens spirituels, infiniment préférables, et que rien ne peut nous enlever, hors le péché. Puis ils s'accusent secrètement de défigurer par leur faute une âme qui ne meurt pas, pour engraisser, flatter, caresser outre mesure un corps qui passe si vite, avec plus ou moins d'éclat, dans l'étroit défilé de la vie, où toutes les maladies sont posées en embuscade, depuis la vaste plaine du néant jusqu'à la mort qui ouvre les immenses plages de l'éternité. « Là, se disent-ils, nous ne moissonnerons que ce que nous aurons semé (1) : le Ciel pour l'innocence, l'Enfer pour le vice. »

Oh ! chers Pèlerins, quelle éloquence dans vos sermons muets ! Vous ne raisonnez pas, vous parlez aux yeux ; et comment ne pas comprendre ! Après cela vous nous prêchez encore, par vos exemples, la patience dans les afflictions, le courage dans la douleur, la résignation dans les humiliations, la foi et la confiance en Dieu

(1) Gal., 6, 8, 9.

par vos ferventes prières et vos pieux pèlerinages. Est-il donc prédicateur semblable à vous? Ne devez-vous pas vous estimer heureux d'avoir reçu cette belle mission de travailler au salut des âmes?

O vous tous que Dieu épargne actuellement, enfants heureux du siècle, n'entrerez-vous pas dans la pensée de la Providence, qui veut vous sanctifier par nos bien-aimés Pèlerins? Vous dites souvent qu'on n'a pas le temps de faire son salut! Ils l'ont dit peut-être comme vous autrefois; et cependant, depuis qu'ils souffrent, il faut bien qu'ils en trouvent du temps, pour rester à rien faire, pour leurs neuvaines et leurs pèlerinages! Encore une excellente leçon. N'attendez donc pas que Dieu vous frappe vous-mêmes dans votre coupable avidité pour le gain, croyez aux sermons de nos frères affligés.

Au moins, ne les méprisez pas! Pas un mot d'insulte ou de raillerie, pas un regard de dédain. Pour être défiguré sur la croix, N. S. J.-C. n'en est que plus digne de notre amour, puisqu'il ne souffre qu'à cause de nous. De même les Pèlerins de Saint-Méen doivent être dignes de tout notre intérêt, puisque leurs plaies sont pour notre instruction. Ne ressemblons donc pas à ces cruels bourreaux qui branlaient la tête devant l'adorable victime du Calvaire.

Il est une lèpre plus terrible que toutes les dartres du corps, c'est la lèpre du péché; or, celle-là, peut-être, a déjà fait d'affreux ravages dans vos âmes. Pensez-y, en voyant les plaies de nos chers Pèlerins; et puis n'oubliez pas qu'il n'est aucune misère au monde, misère spirituelle ou misère corporelle, qui ne puisse nous advenir par la seule influence du péché originel, que le baptême efface sans en abolir toutes les suites. La plus belle âme, si elle cesse de veiller et de prier, tombe en peu de temps dans les plus affreux péchés; la plus florissante santé est souvent très-près de la plus hideuse maladie. Combien j'en ai vu, de ces fleurs flétries sur leurs tiges! A l'une aujourd'hui, demain à l'autre; il en est de la maladie comme de la mort : nous lui échappons sous une forme, elle nous atteint sous une autre, au moment où nous y pensons le moins.

Profitons donc de l'expérience des autres, plutôt que d'en appeler à notre propre expérience. La leçon pourrait être plus efficace, sans doute, mais ne nous coûterait-elle pas trop cher? Le temps ne nous appartient pas non plus! Ne jouons donc pas avec notre éternité.

VIII.

LE MAL SAINT-MÉEN, COMME LES AUTRES INFIRMITÉS, EST POUR L'HONNEUR DES SAINTS.

Nouveau motif de consolation et de joie, bien-aimés Pèlerins, c'est que vos maux si utiles à votre âme, si profitables à vos frères en N. S. J.-C., tournent encore à l'honneur des saints de Dieu, servent à les faire connaître, aimer et honorer au loin.

Je ne prétends pas que vous ajouterez une fleur de plus à la couronne qui brille sur leur tête dans le ciel, une goutte de plus à leur calice enivrant, mais, sans vous, qui les connaîtrait sur la terre? Leur mémoire aurait passé avec leurs contemporains; tout au plus le souvenir de leurs vertus serait arrivé jusqu'à la 3e ou la 4e génération (1); mais, grâce à vous, on les

(1) Eccli., 44, 9.

voit vivre dans les siècles les plus reculés, et leur nom se perpétue comme une plante de bénédiction, répandant d'années en années un doux parfum de foi, de charité et d'espérance, et c'est là, pour eux, au moins une gloire accidentelle dont ils vous sauront gré.

Ainsi saint Méen est grand dans le Paradis, puisqu'il s'est immolé pour Dieu, comme un parfait holocauste, comme une hostie choisie, après avoir renoncé au monde et à toutes ses jouissances, après avoir tout quitté pour suivre Jésus (1). Mais pourquoi accourt-on à son autel de tous les villages voisins et des pays plus éloignés? C'est à cause du miracle opéré par lui, il y a plus de 1,100 ans, près du pont d'Attigny, sur la personne d'un pauvre lépreux; c'est à cause des guérisons qu'il obtient tous les ans pour une foule de malades douloureusement éprouvés; c'est à cause de vous tous, bien-aimés Pèlerins, car le peuple affamé afflue naturellement à la porte du riche qui ne refuse pas l'aumône. C'est donc vous qui êtes l'instrument, l'occasion, au moins, de sa gloire terrestre; comme les pauvres qui viennent à nos portes sont la cause instrumentale de cette auréole de

(1) Math., 19, 29.

charité, la plus belle gloire qui puisse nous couronner ici-bas. saint Méen vous doit donc autant que nous devons à nos pauvres.

Ne vous estimerez-vous pas heureux dans vos souffrances, vous tous qui pouvez ainsi propager le culte de notre Saint, ajouter une perle de plus à sa couronne. On est toujours fier de travailler au service des grands de la terre; qu'en serait-il donc pour les saints de Dieu? Allez, chers Pèlerins, saint Méen se souviendra de vous comme nous nous souvenons des pauvres qui viennent nous implorer, et il ne vous renverra pas sans vous donner des preuves de sa munificence. Je vous l'ai prouvé, vous n'êtes affligés que pour la plus grande gloire de Dieu et pour le salut de votre âme; mais il est de l'honneur de notre Saint de vous obtenir, au moment marqué par la Providence et selon ses vues miséricordieuses, une guérison que vous pouvez désirer, et que vous avez le droit de demander, en quelqu'état que vous soyez, comme je vais vous le démontrer, pour dernière consolation, dans les chapitres suivants.

IX.

DIEU SEUL A PAR LUI-MÊME LE POUVOIR DE GUÉRIR LE MAL SAINT-MÉEN COMME LES AUTRES MAUX.

N'oubliez jamais cette grande vérité, chers Pèlerins, c'est de foi : Dieu seul a par lui-même le pouvoir de guérir (1).

Nous voyons sur la terre beaucoup de médecins, de chirurgiens, de docteurs plus ou moins habiles dans l'art de guérir, et tous les jours nous frappons à leurs portes pour les supplier d'appliquer à nos maux les remèdes qu'ils ont découverts à la lumière de leur science. Telle est la volonté de Dieu, qui nous fait un devoir d'honorer ces bienfaiteurs de l'humanité souffrante, à cause des besoins incessants que nous créent nos infirmités (2).

(1) Sap., 16, 12 et 13.
(2) Eccli., 38, 1, etc.

Les médecins opèrent bien des guérisons, c'est certain, comme les saints opèrent bien des prodiges, surtout pour les malades incurables et pour les pauvres hors d'état de payer les prescriptions des docteurs. Mais de quelque côté que nous vienne la santé, il faut en renvoyer la gloire à Dieu seul, dont les médecins et les saints ne sont que des instruments. Voilà ce que nous prêche la Faculté en présentant à ses élèves ces belles paroles d'Ambroise Paré après une cure étonnante : « Je le pansai, Dieu le garit. » C'est aussi ce que saint Pierre a publié à la face du peuple après la guérison miraculeuse du mendiant boîteux et impotent : « *Sachez tous que nous n'avons rien fait par notre propre puissance ; cet homme n'a été guéri que par le nom de Jésus de Nazareth que vous avez crucifié et que Dieu a ressuscité* (1). »

« C'est vous seul, Seigneur, dit aussi le sage, qui avez pouvoir de vie et de mort ; c'est vous qui conduisez aux portes du tombeau et qui arrachez au trépas ; les herbes et les plantes ne font rien, c'est votre volonté sainte, ô mon Dieu, qui opère toutes les guérisons (2). »

(1) Act., 4, 10.
(2) Sap., 16, 13.

« Dieu seul est grand dans les siècles des siècles, dit encore le saint homme Tobie, après avoir recouvré la vue par le ministère de l'ange Raphaël, c'est lui seul qui nous afflige et qui nous console, et il n'est personne qui puisse échapper à la force de son bras. Nul n'est puissant comme lui; il nous châtie dans sa justice à cause de nos iniquités, et il a pitié de nous dans sa grande miséricorde (1). »

Voilà la vraie foi. A Dieu tout honneur et toute gloire, de quelque manière qu'il vienne à notre secours, soit par lui-même, soit par quelqu'une de ses créatures, naturellement ou surnaturellement. Adorons-le donc uniquement, bénissons-le pleinement, offrons-lui avant tout un sacrifice d'actions de grâces; puis nous paierons le tribut de reconnaissance à la main bienfaisante dont il se sera servi pour panser nos plaies : un juste salaire aux médecins visibles, un culte de vénération et d'amour aux médecins invisibles qu'il a constitués pour lui offrir nos prières et nous dispenser ses dons.

(1) Tob., 13, 1, etc.

X.

NOTRE GRAND DIEU, SEUL TOUT PUISSANT, A BIEN VOULU CONFIER AUX SAINTS LE POUVOIR DE GUÉRIR.

Dieu seul a par lui-même le pouvoir de guérir, mais dans sa miséricorde infinie il a bien voulu confier à ses saints et à ses anges cette puissance propre et inhérente à sa nature parfaite. C'est lui-même qui nous fait cette révélation dans le livre de Job (1). » *Ma colère est allumée contre vous et contre vos amis,* dit le Seigneur à Eliphaz, *parce que vous n'avez pas tenu un langage droit devant moi, comme mon serviteur Job. Prenez donc sept taureaux et sept béliers, et allez à mon serviteur Job; vous offrirez un sacrifice pour vous, et Job mon serviteur priera pour vous, et j'entendrai ses supplications, détournant de vous les*

(1) Job, 42, 7, 8, 9, 10.

châtiments que vous méritez pour vos erreurs et vos sottes maximes. » Les trois amis obéirent à cet ordre divin, et le Seigneur eut pitié d'eux à cause des prières de son serviteur.

C'est donc le saint homme Job qui sauve ses amis des punitions qu'ils avaient encourues, et il est clair que Dieu l'avait chargé de cette mission. Job était encore du nombre des vivants, diront les hérétiques. Sans doute ; mais le Seigneur aurait-il été moins propice aux prières de son serviteur, après lui avoir conféré l'impeccabilité avec la couronne du Ciel? Tous les saints ne sont-ils pas vivants devant Dieu?

Combien de faveurs, du reste, accordées aux Hébreux à cause d'Abraham, d'Isaac et de Jacob morts depuis longtemps ; de même aux rois de Juda, à cause de David, cet homme selon mon cœur (1), dit Dieu lui-même. Plus tard les Machabées sont soutenus dans leurs combats par les prières de Jérémie, nommé alors, quoique bien longtemps après sa mort, l'ami de ses frères et du peuple d'Israël, et proposé à la vénération publique par le Dieu des batailles, à cause de ses supplications pour son pays (2).

(1) Act., 13, 22.
(2) II Machab., 15, 14.

Les saints nous servent donc, même au-delà du trépas, témoin Elisée qui a fait tant de merveilles durant sa vie, et qui a ressuscité un mort lorsqu'il était lui-même dans son tombeau (1).

On pourrait citer à l'appui tous les miracles de Moïse, qui flagellait l'Egypte ou la délivrait à son gré; les prodiges de Josué, d'Elie, des prophètes, des apôtres, des martyrs et de tous les saints, avant et après leur mort, dans les temps présents et dans les âges les plus reculés; et alors on ne pourrait plus douter de la miséricordieuse volonté de Dieu à cet égard, car la parole de J.-C. s'est largement accomplie, ses saints ont fait autant et plus de miracles de guérison que le fils de Dieu lui-même (2).

Mais, après tout, que pourrait-on objecter contre cette magnifique dispensation des trésors d'En-Haut? Dieu n'est-il pas la charité même (3) qui tend à se répandre et à se communiquer? Quoi de plus incommunicable que la divinité? Cependant le Verbe a trouvé le secret de faire l'homme-Dieu (4) par l'Incarnation, et de nous

(1) Eccli., 48, 15. — IV Reg., 13, 21.
(2) Joan., 14, 12, 13.
(3) I Joan., 4, 16.
(4) Joan., 1, 14.

rendre tous, par la grâce, participants de la nature divine (1). Dieu seul est Dieu, et après lui pas d'autre, et pourtant il avait fait Moïse dieu de Pharaon (2). Dieu seul est maître absolu, et il a constitué des rois qui ne portent pas le glaive en vain (3). Dieu seul est souverain juge, et cependant il a établi partout des juges qui décident, en dernier ressort, sur les affaires du corps et de l'âme, en sorte que quiconque n'écoute pas la parole du grand-prêtre doit être lapidé (4), comme ceux qui résistent aux puissances civiles encourent la damnation (5). D'un autre côté, N. S. J.-C. est le seul prêtre (6) selon l'ordre de Melchisedech, et cependant il se multiplie dans tous les prêtres mortels, qui offrent légitimement partout l'adorable sacrifice, sans détruire l'unité du sacerdoce. Faut-il s'étonner, après cela, que Dieu ait bien voulu confier à ses saints le pouvoir de guérir les pauvres et les malheureux, quand il a daigné nous donner son fils unique et se donner lui-même à nous

(1) Joan., 1, 12.
(2) Exod., 7, 1.
(3) Rom., 1, 3, 4.
(4) Math., 18, 18, 17. — Deut., 17, 12.
(5) Rom., 13, 1, 2.
(6) Ps. 109, 4, et Malach., 1, 11.

par la vie surnaturelle (1); quand il daigne nous promettre de se donner lui-même avec sa gloire infinie pour notre récompense éternelle (2)? Ce n'est qu'une manifestation de plus à son adorable charité. Il a tout, et sans pouvoir rien perdre, il veut tout nous donner par lui-même ou par des hommes de sa droite, et quand nous avons besoin, il nous dit, comme Pharaon à ses Egyptiens affamés (3) : « Allez à Joseph ; » ou bien : « Venez tous à moi, vous qui êtes dans la peine, et je vous soulagerai (4); » et de manière ou d'autre, c'est toujours lui le grand et l'unique médecin.

Assurément Dieu aurait pu faire par lui-même toutes ses opérations, lui qui porte l'univers de trois doigts sans éprouver aucune lassitude; mais il voulait honorer ses enfants, comme le père de famille qui s'adjoint son fils dans l'administration de sa maison; et puis il voulait nous inspirer une plus grande confiance, en voilant sa majesté dans des ministres de même nature que nous : il se cache dans les saints, pour nous attirer à lui, comme N. S. J.-C., dans

(1) Rom., 8, 32.
(2) Gen., 15, 1.
(3) Gen., 41, 55.
(4) Math., 11, 28.

l'Eucharistie, sous les apparences du pain et du vin ; enfin il voulait nous inspirer la charité envers le prochain, par cette communication de bienfaits reçus et rendus. N'était-ce pas aussi dans le dessein de donner à la société de solides fondements, par cette nécessité de relations continuelles du fils au père, du sujet au roi, du serviteur au maître, du fidèle au prêtre, du malade au médecin, du coupable au juge, du chrétien à l'Eglise dans toutes les branches de sa hiérarchie sacrée? Dieu nous revèle ainsi que nous sommes faits pour vivre en frères dans la communion des saints. Les animaux sans raison trouvent, d'instinct, ce qui peut servir à leur guérison; mais les hommes, êtres de raison et de foi, destinés à former une société et une Eglise, doivent recourir aux médecins de l'ordre naturel, ou aux médecins de l'ordre surnaturel, s'ils veulent se délivrer des maux qui les affligent. Voilà pourquoi Dieu a bien voulu communiquer aux saints son pouvoir surnaturel, comme il a donné à nos médecins la connaissance des plantes et de leurs propriétés cachées à la masse des hommes. Comme tout est grand, admirable dans les pensées de Dieu ! Qu'il soit aimé et béni à jamais.

XI.

NOTRE GRAND DIEU, SEUL TOUT PUISSANT, N'A PAS DONNÉ TOUT POUVOIR DE TOUT GUÉRIR A CHACUN DE SES SAINTS; MAIS IL A DONNÉ A CHACUN CE QU'IL A VOULU, AVEC POIDS ET MESURE.

« Je suis le seul Dieu, dit notre Père du Ciel, et je ne donnerai ma gloire à personne (1). » Pourquoi? Parce qu'on ne doit adorer que Dieu seul (2).

Nous venons de voir, chers Pèlerins, que le Tout-Puissant a bien voulu confier à ses saints son pouvoir de guérir; mais ne croyez pas qu'il ait donné toute puissance à chacun d'eux; ici, comme en tout, il a agi avec poids et mesure (3). Il a choisi d'abord ceux qu'il a voulu, puis il leur a donné autant qu'il a voulu, avec les réserves

(1) Isaïe, 42, 8.
(2) Math., 4, 10.
(3) Lev., 19, 35, 36. — Eph., 4, 6, 7.

et les restrictions qu'il a jugées convenables, afin que personne ne fût exposé à rendre à une créature le culte qui n'est dû qu'à Dieu seul.

« Personne ne peut rien sans le Saint-Esprit, dit saint Paul dans son épitre aux Corinthiens(1), pas même confesser que J.-C. est le seul Dieu.» A la vérité il y a diversité de dons spirituels, mais le même Saint-Esprit est la source de tous. Il y a diversité de ministères, mais il n'y a qu'un même Seigneur J.-C. qui en est le dispensateur. Il y a diversité d'opérations surnaturelles, mais il n'y a qu'un même Dieu qui opère tout en tous. A l'un le Saint-Esprit accorde le don de parler avec une haute sagesse; à un autre il donne les sciences humaines pour expliquer les choses de la foi. Un troisième, par le même Esprit, reçoit le don de la foi, qui est une source de miracles; un quatrième a la grâce de guérir les malades, etc. Or, c'est toujours le même Saint-Esprit qui opère toutes ces merveilles, distribuant ses dons aux uns ou aux autres, selon son bon plaisir, pour le bien commun de l'Eglise.

Ainsi, Dieu partage sa puissance suprême en la communiquant; personne n'en reçoit la plé-

(1) I Cor., 1, 2, 3, tiré de Picquigny.

nitude. Bien plus, chaque don du Saint-Esprit est encore accordé avec plus ou moins d'extension. A part la Sainte-Vierge, cette aimable Reine-Mère qui a une toute-puissance suppliante dans l'empire de son Fils adorable, il n'est peut-être pas de saint qui ait reçu la mission de guérir tous les maux échus en héritage à l'humanité dégénérée.

« Tous ne sont pas apôtres, dit encore saint Paul, tous ne sont pas prophètes, tous ne sont pas docteurs, tous ne font pas de miracles, tous ne parlent pas les langues, tous ne les interprètent pas, tous n'ont pas la grâce de guérir les malades (1). » Ne pourrait-on pas ajouter : ceux qui ont le pouvoir de guérir les maladies n'ont pas le pouvoir de les guérir toutes, mais leur puissance est restreinte à certaines maladies, comme la science des médecins ordinaires est circonscrite à certaines infirmités qu'ils ont étudiées avec plus de soin, et pour lesquelles ils ont reçu de Dieu un talent particulier. C'est là, ce semble, une règle générale. Le prophète ne lit pas dans tous les secrets de l'avenir; le docteur a ses obscurités; le prêtre, l'évêque même a ses cas réservés; pourquoi le

(1) I Cor., 12, 29.

thaumaturge ne rencontrerait-il aucune impossibilité?

Une femme de Sunam vint demander à Elisée la résurrection de son enfant; le prophète envoie Giégi, son serviteur, avec ordre de déposer son bâton sur le cadavre; Giégi exécute toutes les prescriptions de son maître, et l'enfant ne ressuscite pas; il faut qu'Elisée y aille lui-même pour opérer son miracle (1). Assurément, dans cette circonstance, Elisée n'avait pas un pouvoir absolu.

Pourquoi les disciples de Jésus ne purent-ils sauver le lunatique dont il est parlé au 17e chapitre de saint Mathieu? Sans doute c'est à cause de leur peu de foi, comme le leur dit le Sauveur, mais aussi parce qu'il leur fallait le jeûne et la prière : toutes choses qui marquent les limites de leur puissance (2). Dieu ne voulait pas que l'on pût confondre le serviteur avec le maître, et en donnant sa puissance aux saints il y mettait des restrictions, des réserves propres à faire confesser à tous, aux saints comme aux autres, leur suprême dépendance.

La pensée de Dieu se dessine merveilleuse-

(1) IV Reg., 4, 22, etc.
(2) Math., 17, 14, 15, etc.

ment par la pratique; ainsi saint Hubert guérit de la rage; saint Pierre de la fièvre; saint Roch de la peste; saint Walfroid des rhumatismes et autres humeurs froides; saint Méen des dartres, comme nous l'avons dit, etc., etc.

Ce n'est pas tout. Outre cette restriction de puissance en nature, nous en voyons encore d'autres quant au mode, dans l'exercice, et aussi quant au lieu, pour l'opération; toujours, sans doute, pour sauvegarder dans l'esprit des malheureux la foi à la puissance absolue de Dieu qui guérit partout et toujours, quand et comme bon lui semble, tandis que les saints n'opèrent généralement qu'à certaines conditions et en certains lieux.

Ainsi Elisée ne ressuscita l'enfant de la Sunamite qu'en se couchant sur lui comme pour le réchauffer. Ainsi, comme le dit J.-C., il est des démons qu'on ne chasse que par le jeûne et la prière. Ainsi Elie n'obtint de la pluie qu'après s'être prosterné sept fois successives (1).

D'un autre côté saint Pierre se montre plus puissant à Rome qu'ailleurs; saint Hubert n'ouvre son tribunal de grâce contre l'hydrophobie que dans les landes de l'Ardenne; saint

(1) III Reg., 18, 45.

Walfroid sur le coteau de Margut-Carignan; saint Roch en divers lieux particuliers; saint Méen à Attigny, etc. Tous ces saints n'ont que quelques sanctuaires où ils donnent audience à leurs Pèlerins; leur puissance de délégation ne va pas au-delà généralement.

La Vierge elle-même a ses autels propres, seulement beaucoup plus nombreux à cause de la toute-puissance qui lui a été octroyée, par son Fils, sur toute espèce de misères, corporelles ou spirituelles. Ses sanctuaires sont innombrables; il n'est pas d'église où elle n'ouvre un asile à la souffrance à côté du trône de Dieu : c'est son droit et notre plus belle consolation. Mais le plan divin n'en est pas moins conservé : si l'on veut recourir à cette bonne Mère, pour quelque besoin spécial, il est bon d'user de certaines pratiques autorisées par l'Eglise, et de se présenter au lieu où elle a coutume de manifester spécialement son pouvoir : à Liesse, à Walcourt, à Neuvizy, à Fourvières, etc., etc.

Ainsi le pouvoir des saints est toujours restreint, conditionnel et localisé. Dieu l'a voulu ainsi, tant pour nous faire reconnaître leur dépendance envers lui, que pour nous faire confesser humblement notre propre dépendance envers Dieu et ses saints. « Allez vous montrer au prêtre (1), dit N. S. J.-C. au lépreux qu'il vient de guérir. Allez vous laver à la piscine de Siloé, dit-il aussi à l'aveugle-né (2). » Et nous lisons dans l'Evangile que les malades ne trouvaient leur guérison que dans les eaux de la piscine probatique, et encore à certaine heure (3). Tout cela ne tendait-il pas à prouver que le Seigneur veut bien associer ses créatures à son ministère de grâce, mais qu'il n'accorde à personne une puissance indépendante ? Les grands de la terre en usent ainsi, ils conservent toujours sur leurs ministres une puissance de primauté et de souveraineté.

Du reste, laissez-moi vous le dire, chers Pèlerins, outre les graves raisons que je viens de vous développer, je trouve dans la localisation du pouvoir des saints une nouvelle révélation de la charité de Dieu, et un puissant élément de catholicisme. Les saints accordant leurs faveurs à demeure fixe, il nous est bien plus facile de les connaître, de les rencontrer et de leur exposer nos besoins. Les nombreux Pèlerins qui recourent à leur tribunal de grâce,

(1) Math., 8 4.
(2) Joan., 9, 7.
(3) Joan., 5, 2, etc.

nous tracent dans le cours des siècles une voie large et battue qu'il nous est facile de suivre ; tous les malheureux s'acheminent ainsi en rangs pressés vers l'autel du thaumaturge, et reviennent non-seulement avec leur guérison, mais encore avec une foi plus vive, une espérance plus solide, une charité plus ardente, en un mot avec cet enthousiasme sacré qui s'empare de nous, naturellement, au milieu d'une grande affluence de chrétiens qui professent la même croyance et chantent les mêmes prières. Ainsi les Hébreux s'en revenaient-ils édifiés après leurs réunions nationales à Masphat, à Silo et à Jérusalem ; ainsi nos bons paroissiens se trouvent-ils plus fervents après avoir assisté en commun aux offices de leur église. Je ne vois rien de plus puissant sur l'esprit et sur le cœur que la grande voix des masses populaires. — C'est la prédication catholique par excellence, témoin la fête de saint Méen, pour vous tous tous, bien-aimés Pèlerins.

XII.

SAINT MÉEN A ÉTÉ CHOISI PAR DIEU POUR GUÉRIR LES DARTRES A ATTIGNY.

Vous désirez sans doute, chers Pèlerins, connaître la vie de votre bien-aimé protecteur et médecin; je me fais donc un bonheur de vous la transcrire telle, à peu près, que vous avez pu la lire dans l'opuscule du vénérable M. Hulot, curé d'Attigny.

Saint Méen naquit en Angleterre, dans le VIe siècle, de parents riches, nobles, chrétiens, alliés à la famille de saint Samson, évêque de Dol, et de saint Magloire. Doué des plus heureuses dispositions, merveilleusement secondé par son entourage, il fit de rapides progrès dans l'étude des sciences, et surtout dans la pratique des vertus chrétiennes, à la grande édification de ses condisciples dont il était le modèle aimé. Ses parents avaient fondé sur lui tout leur espoir pour l'avenir et la gloire de leur maison; mais Dieu, qui s'était choisi ce jeune saint, l'appela à de plus hautes destinées et l'inclina doucement à la pratique des conseils évangéliques.

Fidèle à sa vocation divine, quittant père, mère, amis, fortune, tous les trésors de ce monde, pour suivre Jésus, à l'exemple des apôtres, le jeune Méen vint en Bretagne se consacrer à la vie religieuse, dans la chasteté, la pauvreté et l'obéissance, sous la direction de saint Samson, qui l'éleva à la dignité du sacerdoce.

Animé d'un saint zèle pour la gloire de Dieu, après avoir enrichi sa belle âme de toutes les vertus célestes que le Seigneur prodigue dans la solitude du cloître, saint Méen s'occupa à faire valoir son talent, et désireux de communiquer à ses frères ce qu'il avait reçu gratis, il prêcha l'Evangile aux Bretons encore ensevelis dans les ténèbres de l'idolâtrie, ou abandonnés, faute de pasteurs, à la licence de la vie païenne. Les plus belles conquêtes couronnèrent ses efforts, et c'est à cause de ses victoires remportées sur le démon, qu'on le représente tenant un dragon enlacé par une étole, symbole du ministère sacerdotal.

Nommé ensuite, par saint Samson, abbé d'un monastère qu'il avait fondé près de la rivière de Men, il continua ses fructueuses missions avec une nouvelle ardeur, tout en pratiquant plus sévèrement que jamais les exercices de la vie ascétique, et Dieu daigna appuyer la parole de son saint, en lui prêtant la puissance des miracles. Dès lors une foule de malades trouvèrent leur guérison en buvant aux eaux d'une fontaine que saint Méen avait obtenue par ses prières pour le bien de son monastère. C'est sans doute en souvenance de ce miracle, rapporté par la tradition constante du pays, qu'en tous les lieux où il a plu à Dieu de donner à notre saint le pouvoir de guérir, les Pèlerins boivent de l'eau la plus rapprochée de son autel.

La réputation de saint Méen s'étant répandue au loin, surtout après la conversion admirable de saint Judicaël, souverain d'une partie de la Bretagne, qui avait renoncé à toutes les grandeurs terrestres pour prendre l'habit religieux, les évêques lui faisaient appel de tous côtés, pour le bien de leurs ouailles, et les rois de France eux-mêmes désiraient s'éclairer à sa lumière et se réchauffer au feu de sa charité. Saint Méen alla donc prêcher dans l'Anjou, où il fonda un nouveau monastère; puis il vint aussi évangéliser dans la vallée de l'Aisne, au pays d'Attigny où Clovis II tenait sa cour, et où, selon la tradition, il guérit un lépreux sur le pont de l'Aisne. C'est en souvenir de ce miracle que nos Pèlerins puisent de l'eau à la rivière, à l'endroit où il s'est opéré.

Après ces grands travaux, exténué de fatigues, saint Méen rentra dans son monastère, où il acheva de se perfectionner dans la pratique des vertus, par les plus austères mortifications. Il mourut dans un âge fort avancé, vers le milieu du VIIe siècle, après avoir reçu pieusement la sainte Eucharistie. Saint Méen avait prédit le jour de son trépas plusieurs mois auparavant, et le jour même de sa mort il avait dit à l'un de ses plus jeunes religieux, très-désolé de perdre un si bon père : « *Mon fils, ne vous affligez pas de ma mort : nous ne serons pas séparés pour longtemps. Je vous précède comme votre père ; dans peu vous me suivrez. Préparez-vous à ce moment qui décidera de votre éternité.* » Ce jeune religieux mourut en effet huit jours après notre saint, ce qui prouva qu'outre le don des miracles, saint Méen avait aussi reçu le don de prophétie.

Le corps de saint Méen fut déposé dans un tombeau élevé à la droite du grand autel, dans l'église de son monastère. La dévotion attira un grand concours de fidèles auprès de ces précieuses reliques, et il s'y opéra une foule de miracles par l'intercession du saint abbé.

Voilà, chers Pèlerins, l'homme de sa droite que Dieu a choisi pour la guérison des dartres corrosives qu'on appelle maintenant vulgairement *le mal Saint-Méen*. Les plaies du corps sont les tristes images des plaies de l'âme que saint Méen a travaillé constamment à guérir, par ses prédications durant sa vie; et Dieu, en lui confiant une partie de sa puissance surnaturelle, a voulu élever un monument perpétuel à la gloire de son serviteur. Je n'ai jamais ouï dire que saint Méen fût invoqué contre une autre infirmité corporelle que le mal qui porte son nom. Il paraît donc que c'est là la part que Dieu lui a faite.

En outre saint Méen a plusieurs sanctuaires en diverses provinces; mais pour nos pays, c'est à Attigny que Dieu lui a établi son trône de grâce.

Le miracle que saint Méen a opéré sur le pont de notre ville, il y a plus de 1,100 ans, a été une magnifique inauguration à notre pèlerinage; le grand nombre des fidèles qui y affluent de temps immémorial, les guérisons merveilleuses qui s'obtiennent tous les ans à notre petite chapelle, en sont une consécration plus que suffisante pour la foi des peuples.

Du reste N. S.-P. le Pape a daigné encourager la croyance de nos nombreux Pèlerins par sa munificence paternelle, en accordant ses faveurs spirituelles à tous ceux qui visitent l'église d'Attigny en l'honneur de saint Méen, comme nous allons le voir par les pièces suivantes.

TRÈS-SAINT PÈRE,

Henri-Louis Hulot, curé d'Attigny, département des Ardennes, en France, expose humblement à Votre Sainteté que, pendant toute l'année, spécialement le 12 juin, jour où dans ledit lieu on célèbre la fête de saint Méen, il existe un très-grand concours de fidèles qui viennent dans son église paroissiale invoquer le même saint, afin d'être, par son secours et sa protection, délivrés d'une certaine maladie appelée vulgairement *le mal Saint-Méen,* qui corrode et dévore la peau de ceux qui en sont attaqués. Il supplie donc Votre Sainteté de daigner accorder à perpétuité, en mémoire de son voyage en France, une indulgence plénière en faveur de tous les fidèles qui, s'étant confessés et ayant reçu la sainte communion, visiteront ladite église le jour où l'on célèbre la fête dudit saint. Que Dieu, etc.

Attigny, 25 mars 1805.

H.-L. HULOT, curé d'Attigny.

De l'audience du très-saint Père, à Lyon, le 16 avril 1805.

Sa sainteté Pie VII accorde miséricordieusement, dans le Seigneur, l'indulgence et la rémission plénière de leurs péchés à tous les fidèles de l'un et de l'autre sexe qui, pénétrés d'un véritable repentir, confessés et munis de la sainte communion, visiteront chaque année, avec dévotion, l'église paroissiale d'Attigny, le jour marqué dans la supplique, depuis les premières vêpres jusqu'au coucher du soleil du même jour, et y prieront avec piété pour la concorde des princes chrétiens, pour l'extirpation des hérésies et l'exaltation de notre Mère la sainte Eglise. Les présentes, par une grâce spéciale, nonobstant toutes dispositions contraires, vaudront à perpétuité, comme si la lettre apostolique avait été expédiée en forme de bref.

MICHEL, cardinal de PIÉTRO MUZEO.

Que le rescrit pontifical ci-dessus soit publié selon la teneur, dans l'Eglise paroissiale d'Attigny.

Donné à Metz, le 23 septembre 1805.

P. F., évêque de Metz.

Enfin son éminence monseigneur le cardinal Gousset, archevêque de Reims, dans son synode de 1858, a défendu de rien changer ou innover à notre Pèlerinage établi de temps immémorial. On n'oubliera jamais, à Attigny, que l'illustre et savant prélat a daigné honorer de sa présence et de sa parole la grande fête de saint Méen en 1842.

Nous avons donc pour nous le témoignage des peuples, le témoignage des miracles et l'approbation de l'Eglise : c'est tout.

XIII.

ON NE DOIT PAS TRAVAILLER, DE SON AUTORITÉ PRIVÉE, A ÉTABLIR DE NOUVEAUX PÈLERINAGES.

Tous les pèlerinages doivent reposer sur quelque fait divin, qui manifeste la volonté de Dieu pour l'honneur de quelque saint, et personne ne peut en établir de son autorité privée, sans s'éloigner de l'esprit du catholicisme. C'est là, chers Pèlerins, une de ces vérités que le bon sens populaire admet sans discussion.

De quel droit, en effet, veut-on établir un nouveau ministère de grâce en l'honneur d'un saint? De ce que Dieu lui a donné puissance en certains lieux, est-ce à dire qu'il lui donnera puissance en un autre, surtout dans celui que vous aurez choisi, fixé vous-mêmes? Pourquoi vouloir donner de l'extension aux concessions de Dieu? N'est-ce pas tenter le Seigneur et vouloir lui forcer la main? Laissons donc à Dieu la liberté de ses dons.

Mais nous avons des reliques du saint, dira-t-on. C'est très-bien, honorez-les, rendez-leur le culte de respect que vous leur devez; mais est-ce à la présence de ces reliques que Dieu a attaché le pouvoir *manifeste*, *officiel*, de guérir? Rien ne le prouve, car à Liesse, à Walcourt, à Neuvizy, à Fourvières, on n'a pas de reliques de la Sainte-Vierge. On n'a pas possédé non plus toujours, à Attigny, des reliques de saint Méen, et cependant Dieu n'y continuait pas moins son opération surnaturelle. Tout dépend donc, en cela, de la volonté divine surnaturellement manifestée, et de l'autorisation de l'Eglise.

Nous voulons travailler à la gloire du saint, dira-t-on encore. Je n'en doute nullement. Jamais on ne supposera que vous soyez mu, en un sujet si grave, par des motifs humains, comme d'intérêt ou de vanité. Ce serait trop indigne. Votre intention est donc bonne. Mais atteindrez-vous votre but, si Dieu n'est pas avec vous? N'arriverez-vous pas, au contraire, à éclipser tout-à-fait la gloire de votre saint?

Par exemple, de nombreux Pèlerins vont tous les ans à Jérusalem, à Saint-Pierre de Rome, a Saint-Jacques de Compostelle, etc. C'est un acte de foi solennel, public, à la gloire de Dieu et de ses serviteurs, une manifestation catholique approuvée par l'Eglise, enrichie d'indulgences, et très-propre à alimenter la vie surnaturelle dans tous les cœurs chrétiens. Eh bien, qu'on partage en une infinité de parcelles la pierre du saint-sépulcre, les chaînes de saint Pierre, les reliques de saint Jacques, et qu'on établisse des pèlerinages dans tous les bourgs catholiques, au moyen de ces restes précieux, aura-t-on beaucoup gagné ? Je ne le pense pas ; mais assurément on aura détruit tout ce qu'il y a d'imposant, de majestueux dans le culte de ces vénérables reliques. Les pèlerinages catholiques tomberont. On ne voudra plus aller chercher si loin ce qu'on croira posséder dans sa paroisse ; et les pèlerinages particuliers ne prendront pas, car on fait peu de cas de ce qu'on peut obtenir sans peine. On voudra après cela avoir des reliques à domicile, et la communion catholique disparaîtra à ce point de vue, tout retombera dans l'individualisme. Que restera-t-il aux inventeurs de pèlerinages ? La honte d'avoir commencé une tour qu'ils n'auront pu achever.

Laissons donc en liberté ces grands courants

du catholicisme, et ne les épuisons pas en leur soutirant leurs eaux vivifiantes. Les anciens pèlerinages sont comme ces fleuves majestueux auxquels le Créateur a tracé un large lit entre les montagnes, et auxquels toutes les populations viennent se rafraîchir. Les innovations, au contraire, ressemblent à ces canaux mesquins, creusés de main d'homme, qui peuvent répandre un certain bien-être, mais qui ne parlent ni à l'imagination, ni à l'esprit, ni au cœur, et ne nous élèvent pas au-dessus des pensées humaines. Comme tout cela est loin de l'esprit du catholicisme, cette religion divine, toute de charité, qui aime les grandes agglomérations, qui loin de diviser jamais, tend à réunir les peuples dans une même croyance, une même opération, pour ne faire de tous les chrétiens qu'une même famille dans l'unité de Dieu. Je ne m'étonne pas que Son Eminence monseigneur le cardinal Gousset ait voulu faire entendre, dans cette grave question, sa grande voix de docteur, en interposant son autorité de prince de l'Eglise, par la peine de suspense infligée à tous ceux qui veulent ouvrir, de leur autorité privée, de nouveaux pèlerinages (1).

(1) Statuts du synode de 1858, ch. 7, p. 39.

Comme toujours, et selon la mission particulière qu'il paraît avoir reçue, il a jugé au haut point de vue du catholicisme, le grand mobile de son ministère.

Ainsi, allez, bien-aimés Pèlerins, là où Dieu vous appelle. Suivez les pratiques populaires autorisées par l'Eglise, c'est bien plus sûr que de suivre les sentiments particuliers. Pour sortir de cette voie, attendez que Dieu vous fasse un signe et que l'Eglise vous approuve. Allez à Liesse, à Neuvizy, à Saint-Walfroid, à Saint-Hubert, etc.; venez à Saint-Méen d'Attigny, si vous avez besoin de sa protection, puisque c'est là que Dieu a donné à son saint un trône de puissance; mais abandonnez à ceux qui les ont établis, de leur propre autorité, ceux que vous appelez si ingénument *le petit Saint-Walfroid, le petit Saint-Méen, le petit Saint-Pierre;* expressions qui devraient suffire pour faire tomber toutes les innovations, fruits sans saveur de l'esprit individuel.

XIV.

IL EST PERMIS DE DÉSIRER ET DE DEMANDER LA GUÉRISON DU MAL SAINT-MEEN.

Je vous ai prêché la résignation, chers Pèlerins, et pour vous persuader plus facilement, je vous ai fait voir tous les biens spirituels attachés à la souffrance. Cependant, je vous l'ai déjà dit, et je vous le répète ici pour votre consolation : vous pouvez désirer votre guérison, et vous n'offensez pas Dieu en lui demandant de vous délivrer de votre mal.

« Notre Père, qui êtes aux Cieux, disons-nous tous les jours, délivrez-nous du mal. » De quel mal ? Il n'y a pas de distinction. C'est notre bon Sauveur qui nous a appris à prier ainsi son Père et notre Père. Qui donc oserait vous blâmer?

Sans doute, il faut demander avant tout la guérison de l'âme; mais on peut bien demander aussi la guérison du mal Saint-Méen, mal aussi disgracieux que douloureux (1).

Il est si dur, en effet, de souffrir toujours du même mal, surtout d'un mal qui vous réduit à vivre comme un proscrit au milieu de vos frères en joie. Il est des souffrances qu'on endure encore volontiers, avec résignation au moins, comme celles qui ne gênent pas les relations sociales et domestiques, celles qui n'inspirent aux autres aucune répugnance. Mais le mal Saint-Méen !...

C'est sans doute par une commisération particulière pour une si pénible épreuve, que notre Père du Ciel a daigné ouvrir un ministère spécial de grâce pour vous, chers Pèlerins, ce qu'il n'a pas fait pour toute espèce de malades. Il semble vous inviter ainsi à venir demander votre délivrance, et pour comble de miséricorde, il veut que saint Méen, comme saint Hubert encore, octroie ses grâces avec une extrême indulgence, parce que, quoique nous l'ayons trop mérité, il ne veut pas que nous soyons trop malheureux et poussés au découragement (2).

(1) Math., 6, 13.
(2) Sap., 16, 11.

Venez donc à Saint-Méen avec confiance, chers Pèlerins, et espérez que vous serez guéris, rien que pour l'avoir vu (1), comme les Hébreux, blessés par les serpents de feu, étaient guéris en regardant le serpent d'airain élevé par Moïse, d'après une révélation de Dieu. C'est là la mission de notre saint; il dit à tous les malheureux atteints de dartres rongeuses : « Venez tous à moi, et je vous soulagerai !

(1) Sap., 16, 6. — Num., 26. 6, etc.

XV.

LES PÉCHEURS, COMME LES JUSTES, PEUVENT DEMANDER ET OBTENIR LA GUÉRISON DU MAL SAINT-MÉEN.

Telle n'est pas, chers Pèlerins, la doctrine du monde. Quand on s'est laissé entraîner dans sa corruption, il vous peint le péché si affreux, si horrible, et Dieu si sévère, qu'on serait tenté de s'abandonner au désespoir, loin d'oser recourir à Celui qui seul peut nous guérir et nous pardonner.

D'un autre côté, quelques âmes pieuses se montrent aussi très-rigides envers les pécheurs, leur répétant à chaque instant qu'avant de demander à Dieu ses faveurs, il faut au préalable se réconcilier avec lui par la pénitence, ce qui décourage quelquefois les Pèlerins et leur ôte la confiance nécessaire pour obtenir leur guérison, loin de les amener à une conversion parfaite.

Pour moi, je vous dis à tous, chers Pèlerins : en quelqu'état que vous soyez, même après les plus grands péchés, quand vous ne pourriez attribuer vos maux physiques qu'à votre propre culpabilité, vous pouvez en demander et en obtenir la guérison, la bonté céleste ne repoussant jamais la prière, de quelque bouche qu'elle sorte, innocente ou coupable, pourvu qu'elle soit suppliante (1).

« Nous savons que Dieu n'écoute pas les pécheurs, est-il écrit dans l'Evangile, mais seulement ses fidèles serviteurs, ceux qui font sa volonté sainte (2). » C'est l'aveugle-né guéri par J.-C. qui parle de la sorte ; mais dans quel sens ? Pour la justification de son bien-aimé médecin, attaqué par les Pharisiens, il se sert d'une maxime admise par ces docteurs jaloux, pour prouver que J.-C. est nécessairement de Dieu, puisqu'il a pu opérer un si grand miracle. C'est vrai en général : il n'y a guère que les saints qui fassent des prodiges. Cependant il y a bien des exceptions à cette règle, puisque

(1) Eccli., 35, 21.
(2) Joan., 9, 31.

Balaam l'endurci a fait une des plus belles prophéties de l'Ancien-Testament (1), puisque Caïphe a également révélé les secrets de Dieu (2), et que Judas le larron a fait plusieurs miracles, comme tant d'autres ouvriers d'iniquité auxquels le souverain Juge dira un jour : « Retirez-vous de moi, méchants serviteurs, car je ne vous ai jamais connus ! (3) » Mais il ne faudrait pas s'appuyer sur ce texte pour établir que Dieu refuse ses faveurs, même des faveurs miraculeuses, à des pécheurs qui l'implorent pour eux-mêmes ; on serait alors tout-à-fait dans l'erreur.

Sans doute l'état de grâce est une puissante recommandation auprès du Très-Haut, qui est la sainteté par essence ; les justes seront toujours favorisés, parce qu'ils sont les amis du Père céleste qui ne peut rien leur refuser, ainsi qu'il a daigné le dire à son serviteur Abraham (4). Mais les pécheurs ne sont pas exclus pour cela, et ils peuvent demander ; comme les premiers, ils obtiendront s'ils demandent avec confiance à ce Dieu bon, qui est venu chercher les brebis

(1) Num., 24, 16, 17.
(2) Joan., 11, 50, 51.
(3) Math., 7, 23, 23.
(4) Gen., 18, 17 et 18, etc.

égarées (1), et qui fait luire son soleil sur les mauvais comme sur les justes, tomber la pluie sur la terre des impies comme sur celle des saints (2).

Assurément, la prière en péché mortel ne s'élevera jamais jusqu'aux trésors de la gloire et de la vie divine. Mais pour ce qui est en dessous, dans l'ordre de la nature, pour tout ce qui tient à la vie du corps et même à la vie propre de l'âme, elle peut tout obtenir, même les plus grands miracles, surtout ceux qui peuvent servir à notre conversion, pourvu qu'elle se formule dans la foi, saus aucune hésitation (3). Je veux prouver clairement cette doctrine pour nous rassurer tous, bien-aimés Pèlerins, car personne ne sait s'il est digne d'amour ou de haine (4).

« Demandez, et vous recevrez, nous dit notre bon Sauveur au 7e chapitre de saint Mathieu; cherchez et vous trouverez, frappez et l'on vous ouvrira (5). » A qui parle N. S. J.-C.? Est-ce seulement aux justes? C'est à tout le monde,

(1) Luc, 19, 10.
(2) Math., 5, 45.
(3) Jac., 1, 5, 6.
(4) Eccli., 9, 1.
(5) Math., 7, 7.

sans exception. — Demandez, et la promesse est pour tous également ; vous recevrez, justes et pécheurs. En effet, dans le sens le plus restreint, c'était à ses disciples que s'adressait l'adorable Jésus. Or, parmi eux il y avait un misérable, c'était Judas, et le Verbe incarné l'a-t-il exclu? Il n'a exclu personne. Au contraire, il se plaît à donner à ses paroles toute l'extension possible, et il ajoute : « Quiconque demande, reçoit (1). » Qui oserait dire après cela que les pécheurs ne peuvent avoir accès auprès de Dieu? Notre bon Sauveur le confondrait par sa comparaison du père de famille qui ne peut rien refuser à ses enfants, bons ou mauvais (2), d'un juge inique qui rend justice à une pauvre veuve pour se débarrasser de ses importunités (3). Et vous voudriez, conclurait-il, que Dieu fût moins bon qu'un père de la terre, moins compatissant qu'un juge partial? Demandez donc, et en vérité, en vérité je vous le dis, tout ce que vous demanderez vous l'aurez; et toujours, justes ou pécheurs, car nulle part il n'y a exception. Dieu avait déjà fait la même

(1) Math., 7, 8.
(2) Math., 7, 9.
(3) Luc, 18, 2, 3, etc.

promesse à Salomon pour tous ceux qui viendraient le prier, lors de la dédicace du temple de Jérusalem (1).

Ne soyez pas étonnés, chers Pèlerins, de cette libéralité infinie. Que sont, en effet, tous ces biens, en comparaison de la gloire éternelle que le bon Dieu veut bien nous promettre? C'est tout simplement un surcroît qu'il donne, comme sans y faire attention, à ses amis et à ses ennemis. Aussi N. S. J.-C. nous dit : « Cherchez avant tout le royaume des cieux, et ne vous mettez pas en sollicitude pour les biens d'en-bas, comme les païens (2). Tout cela vous sera donné par-dessus, car mon Père sait bien que vous en avez besoin, et il ne vous refusera pas ce qu'il prodigue aux oiseaux du ciel et aux plantes des vallées : ne valez-vous pas mieux que ces êtres sans raison, vous enfants de mon Père? » Donc, chers Pèlerins, ne vous découragez pas, quoi que puissent vous dire le monde et certains dévots; vous l'avez entendu, c'est de foi : l'Evangile en main, je vous ai prouvé que la prière est permise à tout le monde, et efficace pour tous sans exception, même pour les plus grands pécheurs.

(1) II Paral., 7, 12, etc.
(2) Math., 5, 25, etc.

Et quoi de plus rationnel? Prier, c'est reconnaître qu'on a besoin, qu'on manque de quelque chose. Qui prie s'humilie et confesse le pouvoir de celui auquel il s'adresse ; par conséquent, l'honneur de celui-ci est intéressé à exaucer, ne fût-ce que pour confirmer la croyance du suppliant. Si cela est vrai des hommes, à plus forte raison de Dieu qui aime à être prié, qui nous invite à prier toujours, et qui est glorifié par nos prières. Or, si la prière est agréable à Dieu dans la bouche d'un juste, d'un saint, ne lui sera-t-elle pas encore, en quelque sorte, plus honorable dans la bouche d'un pécheur? Car les pécheurs sont les ennemis de Dieu, en tant que pécheurs, et il est toujours très-flatteur de voir un ennemi à ses pieds, plus que d'y voir un ami, surtout avec une parole suppliante. Jugez maintenant si Dieu peut refuser la prière des pécheurs. Nous lisons dans l'Ecriture sainte qu'il fit remarquer à son prophète, avec une espèce de satisfaction, que l'impie Achab s'était couvert d'un cilice (1). Pourquoi? Parce que ce cilice du pécheur était une confession pratique de sa petitesse et de la toute-puissance divine. Et à cause de cette humiliation, Dieu fit grâce

(1) III Reg., 21, 28 et 29.

à Achab des châtiments qu'il lui avait destinés. De même la prière des pécheurs est un aveu de leur iniquité, de leur ingratitude et de leur égarement, par conséquent un hommage, une amende honorable à la Majesté sainte qu'ils ont outragée. C'est déjà une réparation de leur péché, une abjuration de leur apostasie. Il est donc évident, par la nature de la prière, qu'elle est instituée pour les pécheurs comme pour les justes, et qu'elle doit produire son effet pour les uns comme pour les autres.

Et puis, les mérites de J.-C. ne sont-ils pas pour tous? Or, c'est par la vertu seule des mérites de J.-C. que nous sommes exaucés, les justes eux-mêmes n'ayant accès auprès de Dieu que par l'union à notre divin Sauveur. Dira-t-on que les pécheurs ont été anathématisés par le Fils de Dieu? Au contraire, il n'a maudit les Pharisiens que parce qu'ils empêchaient les pécheurs de s'adresser à lui (1), et il s'est nommé le bon pasteur qui donne sa vie pour ses brebis et en abandonne, au besoin, quatre-vingt-dix-neuf fidèles, pour courir après la centième qui se serait égarée (2). Il l'a prouvé assez durant

(1) Math., 23, 13.
(2) Luc, 15, 4, 7.

sa vie mortelle, en multipliant les miracles pour gagner les malheureux ensevelis dans les ténèbres de la mort, au point qu'on l'appelait l'ami des pécheurs et des publicains (1).

Du reste, si la prière était interdite aux pécheurs, ou si elle devait leur être inutile, pourquoi leur en imposer l'obligation? « Ceux qui sont bien portants, dit J.-C., n'ont pas besoin de médecin (2). » Interdira-t-on aux malades la porte des docteurs? aux plaideurs la porte des avocats? Et l'on voudrait interdire le *Pater* à ceux qui sont dans le besoin! On ne permettrait pas à un misérable de dire humblement à Dieu : « Donnez-nous aujourd'hui notre pain quotidien! délivrez-nous du mal. » Oh! ce ne serait pas là l'esprit de N. S. J.-C. On objecterait en vain qu'il s'agit d'un miracle, il n'en coûtera pas plus à Dieu de faire un miracle pour la guérison d'un Pèlerin, que de multiplier le grain de froment pour la nourriture de tous les hommes; ayez seulement de la foi, chers Pèlerins, et rien ne vous sera impossible, si vous en avez la grosseur d'un grain de sénevé.

L'Eglise s'est prononcée là-dessus avec son

(1) Math., 11, 19.
(2) Math., 9, 12.

autorité infaillible. En tout temps, mais surtout en Avent et en Carême, elle appelle tous ses enfants à la prière, bons et mauvais, encore plus ceux-ci : c'est donc qu'elle croit la prière utile pour les uns comme pour les autres. L'Eglise n'a en vue que leur conversion, dira-t-on. Sans doute; mais, aux jours des rogations et des calamités publiques, ne veut-elle pas aussi que tous ses enfants implorent le Très-Haut pour les biens de la terre et pour le bonheur de la société, pour la paix entre les princes chrétiens, etc. Or, tous les enfants de l'Eglise ne sont pas des saints. Et puis la conversion d'un pécheur n'est-elle pas elle-même un grand miracle? L'Eglise douterait-elle que Dieu voulût opérer un petit miracle de guérison à la prière d'un enfant pécheur, quand elle attend avec confiance, de la bonté de son adorable époux, ce miracle par excellence de la conversion?

Donc, chers Pèlerins, de par l'Eglise, comme de par Dieu, vous devez croire que les trésors célestes sont ouverts aux pécheurs, par les mérites de J.-C., aussi généreusement qu'aux saints, à la condition seulement que vous soyez animés d'un véritable esprit de religion.

En voulez-vous des exemples? Le bon larron est crucifié à côté de N. S. J.-C. : voilà un grand pécheur, car tout-à-l'heure encore il blasphémait. Mais rentrant en lui-même, il demande au Sauveur de se souvenir de lui, et aussitôt Jésus mourant lui répond : « Aujourd'hui même vous serez avec moi en Paradis. » La Cananéenne pécheresse vient prier pour sa fille ; elle prie avec instances, et elle obtient un miracle de guérison. Caïn vient de tuer son frère ; le bon Dieu descend pour l'inviter au repentir ; le fratricide refuse et se jette dans le désespoir ; n'est-ce pas le comble de l'iniquité ? Cependant, même dans ce déplorable état, il demande à Dieu de ne pas être tué, et il est exaucé, car Dieu lui pose un signe afin que personne n'ose porter la main sur lui (1). Je ne vois, dans toute l'Ecriture sainte, qu'Antiochus qui soit repoussé de Dieu (2), sans doute parce que sa prière n'était pas sincère ; peut-être ne demandait-il sa guérison que pour consommer ses excès. Pharaon est englouti dans la mer Rouge, n'est-ce pas à cause de son endurcissement, après avoir obtenu par dix fois la cessation miraculeuse des fléaux miraculeux déchaînés sur son peuple ? Il n'est donc pas de pécheur au monde qui n'ait

(1) Gen., 4, 14 et 15.
(2) II Mach., 9, 13.

droit à la prière, pas un seul, par conséquent, qui ne puisse obtenir la délivrance des maux qui lui sont infligés en épreuve ou en punition de ses iniquités, pourvu que sa prière soit inspirée par la piété, pourvu qu'il ne demande rien de contraire à la gloire de Dieu ou à son propre salut, car alors ce ne serait plus une prière, mais un outrage ou un acte de folie.

Venez donc tous avec confiance, chers malades ; ne vous livrez pas au découragement que vous prêche le monde, ni à la défiance que pourraient vous inspirer les réflexions inconsidérées de certaines personnes pieuses. Combien de malheureux plus coupables que vous ont été exaucés, même avant leur conversion, à Liesse, à Saint-Hubert, à Saint-Walfroid, à Saint-Méen. Dieu n'est pas, comme les hommes, à toujours calculer le prix de revient ; il vous aime, il a tout, il veut votre salut, votre bonheur, et il se montrera toujours généreux envers vous, dans l'espoir de vous ramener à bien par ses libéralités anticipées, et je ne doute pas qu'après cela vous ne vous montriez reconnaissants, en revenant à lui par une conversion parfaite. C'est le grand miracle que vous devez désirer avant tout.

XVI.

AUTANT QUE POSSIBLE, IL FAUT FAIRE SON PÈLERINAGE EN PERSONNE.

Il est bon de faire prier pour soi, de faire faire des pèlerinages : saint Paul demandait avec instances à ses frères de ne pas l'oublier devant Dieu dans leurs supplications (1). Mais évidemment il est beaucoup mieux de prier soi-même et de faire son pèlerinage en personne. C'est le moyen le plus sûr d'obtenir les faveurs du Ciel, sauf pour les grâces particulières qui ne vous arrivent que par l'intervention des ministres du Seigneur.

« Priez, dit N. S. J.-C., demandez, cherchez, frappez à la porte ; si quelqu'un est dans la peine, dit saint Jacques, qu'il prie (2). On voit

(1) Rom., 15, 30, etc.
(2) Jac., 5, 13.

que c'est une obligation personnelle dont nous ne devons nous décharger sur qui que ce soit, et tout ce qui nous est permis, c'est de conjurer nos frères de s'adjoindre à nous pour faire une sainte violence à notre Père commun. Gardez-vous donc, chers malades, de faire faire vos pèlerinages ou vos neuvaines par d'autres, si vous pouvez les faire vous-mêmes.

Qu'est-ce qu'un pèlerinage, en effet? C'est un voyage plus ou moins long, avec des fatigues plus ou moins pénibles, et des prières plus ou moins multipliées qu'on s'impose volontairement, à la plus grande gloire de Dieu, en l'honneur de quelque saint, en expiation des péchés commis, en esprit de mortification et d'humilité, pour obtenir quelque grâce spirituelle ou temporelle, comme la délivrance d'une tentation ou d'une maladie qui nous est à charge. C'est une espèce d'échange que l'on offre à Dieu et à ses saints.

Or, je conçois que le bon Dieu ou le saint auquel il a délégué sa puissance se laisse attendrir par les humbles démarches, privations, supplications d'un Pèlerin qui vient en personne confesser sa misère, montrer ses plaies et offrir ses mortifications propres, en criant merci pour les autres. Car ainsi nous ne sortons pas de la volonté de Dieu, qui tend par les afflictions à nous faire confesser notre suprême dépendance et son souverain domaine; au contraire, nous nous y conformons en nous abaissant bénévolement, en nous prosternant devant sa majesté infinie, et en honorant ses saints comme il veut et là où il veut; alors la grâce demandée n'est plus une dispense, une exception, mais simplement une commutation de peine; et notre bon Dieu, qui se dit le meilleur des pères, est naturellement incliné à la miséricorde. Mais quel droit aura-t-on à la faveur, si l'on ne veut pas même sortir de sa maison, s'imposer la plus légère peine en échange du mal dont on veut être délivré?

Vous envoyez quelqu'un à votre place, c'est-à-dire que vous imposez à un autre la charge de s'humilier, de souffrir, de prier : est-ce bien méritoire? Où est en cela l'esprit d'adoration, de mortification et d'obéissance? Passe encore si vous envoyiez en votre place un membre de votre famille, une épouse, un époux, un enfant, un frère, une sœur, une mère, comme le centurion qui est venu prier Jésus pour son serviteur, comme la Cananéenne qui est venue intercéder pour sa fille : il y aurait là, en cas d'empêchement pour vous, une espèce de solidarité, et l'honneur de Dieu ou du saint serait sauvegardé. Mais non, c'est un mercenaire que vous déléguez, une sorte de domestique, quelquefois peu recommandable par sa religion, et qui ne cherche qu'à gagner de l'argent. N'est-ce pas une insulte à Dieu ou à ses saints, de lui envoyer ainsi un valet pour vous représenter? Mais vous ne vous accorderiez pas une semblable licence envers un simple bourgeois. Je ne dis pas que vous n'obtiendrez rien, car la bonté de Dieu est sans bornes, mais assurément vous ne travaillez pas à vous rendre le Ciel propice.

« Je paie, ajouterez-vous, je me dépouille de mon bien pour faire une aumône à un pauvre qui gagne ainsi sa vie. » C'est très-bon, l'aumône, elle délivre de tout péché et fait trouver miséricorde (1). Mais votre offrande est-elle bien une aumône? N'est-elle pas un peu de la nature du commerce? J'accepte que de votre côté vous ayez horreur de trafiquer des biens spirituels; mais n'avez-vous pas à craindre ce désordre dans votre marchand de prières? Après cela, votre pèlerin à gages s'acquittera-t-il, ou au moins s'acquittera-t-il convenablement de

(1) Tob., 12, 8 et 9.

sa mission? « Peu m'importe, direz-vous, puisque j'ai donné mon argent, c'est son affaire ! » Et si Dieu n'a pas reçu les prières? Il faut donc qu'il se contente de rien. Et si on lui offre des prières sans foi et sans piété, sera-t-il tenu de vous envoyer ses grâces? Vous savez que l'on n'est quitte d'une dette que quand on l'a payée en réalité, que l'infidélité du mandataire n'est pas reçue en acquit. Or, ces Pèlerins mercenaires, plus désireux de vos sous que de votre guérison, pourront bien garder tout pour eux et ne rien donner à votre adorable créancier, ou tout au plus lui offriront-ils une monnaie qui n'a plus cours, des prières sans ferveur, car ce ne sont pas eux qui souffrent. Mais j'accorde encore que tout se passe loyalement et religieusement; car on trouve, même parmi les *faiseurs* de pèlerinages, de ces bonnes âmes qui ne voudraient pas se jouer de Dieu; votre bonne œuvre ne sera-t-elle pas encore un peu à côté de la vérité, de l'humilité et de la mortification? Qui vous a dit que Dieu ne voulait pas votre soumission personnelle plutôt qu'un mince sacrifice d'argent qui ne vous coûte rien? Faites donc votre pèlerinage vous-mêmes, si vous voulez être guéris, ou au moins n'abandonnez pas les intérêts de votre santé et de votre âme à des individus auxquels, peut-être, vous ne confieriez pas la garde de votre maison.

Je vous conseille aussi, chers Pèlerins, de faire vous-mêmes votre neuvaine, quand vous vous présentez à l'autel de la Vierge ou du saint que vous voulez honorer, plutôt que de la commander à certaines femmes qui assiégent ordinairement les lieux de pèlerinages et font métier de prier pour les autres. En général, ces vendeuses de neuvaines sont peu recommandables par leur religion, et elles ne se livrent à ce commerce, toujours dangereux, que par pis-aller; aussi elles s'en acquittent fort mal, sinon pour le gain. Plus jaloux encore que les marchands ordinaires, ces trafiqueurs de prières se disputent souvent, même dans l'église, ont recours à l'intrigue, au mensonge, aux calomnies et aux blasphèmes pour augmenter leur clientèle. On pourrait citer à ce sujet des choses incroyables et très-scandaleuses. Chers Pèlerins, ne vous laissez pas exploiter par ces publicains, et ne croyez pas que votre pèlerinage vaille beaucoup mieux parce que vous aurez payé au double et au quadruple. Donc toujours faites votre pèlerinage et votre neuvaine en personne.

« Mais je suis impotent, direz-vous, hors d'état

d'entreprendre un voyage; et puis je n'aurais ni le temps ni le moyen de passer neuf jours auprès de l'autel de saint Méen. » Alors, chers Pèlerins, commencez une neuvaine chez vous, promettez un pèlerinage pour plus tard, ou envoyez une personne digne, fidèle, franchement chrétienne, qui vous remplace honorablement. Quand vous le pourrez, vous viendrez vous-mêmes en actions de grâce. Quant à la neuvaine, rien n'oblige à la faire sur les lieux. Enfin, jamais de trafic; on ne se joue pas de Dieu. Si vous tenez à faire des aumônes, faites-les purement et simplement. Les pauvres ne manqueront jamais parmi vous.

XVII.

UN PÈLERINAGE EST UNE BELLE PROFESSION DE FOI.

« Je voudrais bien faire mon pèlerinage moi-même, me diront quelques chrétiens timides, d'une foi peu robuste, esclaves du respect humain; mais que penserait-on de moi? Je serais tourné en ridicule. »

Oh! assurément, chers Pèlerins, on ne vous fera pas grâce de votre piété, et en vous voyant suivre humblement le sentier qui conduit à l'autel d'un saint, on criera au bigotisme et au fanatisme. C'est son métier, au monde, il ne demande qu'à ridiculiser ce qui est de Dieu; mais faut-il s'arrêter dans la bonne voie pour quelques mutins qui crient autour de vous? Si vous voulez écouter le monde, non-seulement vous ne ferez pas de pèlerinages, mais encore vous ne ferez plus vos pâques, vous n'irez plus à la messe, vous ne direz plus de prières, vous abandonnerez la religion et le bon Dieu. Est-ce que le monde ne se rit pas aussi de la confession, de la communion, des sacrements, de la Sainte-Vierge, de N. S. J.-C., de la Sainte-Trinité, de Dieu même aussi bien que des prêtres et des dévotes! Ecoutez le monde, et vous serez bientôt Protestants, Turcs ou Chinois.

Qu'y a-t-il donc de ridicule dans un pèlerinage? Mais nous en faisons tous les jours, et des plus pénibles, pour honorer nos parents, nos amis, nos supérieurs. N'entreprenons-nous pas volontiers des voyages longs et coûteux pour aller voir notre père, notre mère, un frère ou une sœur, après une longue absence? Et qui pense à le trouver mauvais? Seriez-vous donc plus blâmables, vous chers Pèlerins, parce que vous vous mettez en route pour aller voir les saints, les amis de Dieu et les vôtres? Au contraire, votre démarche est une belle profession de foi : vous prouvez par là que vous avez conservé vos sentiments chrétiens, les principes de la vie surnaturelle, comme les autres, par leurs voyages multipliés, démontrent qu'ils n'ont pas perdu les sentiments naturels. Mais les mondains peuvent-ils comprendre ce qui tient à l'esprit de Dieu?

A-t-il bien le droit, cependant, ce monde matérialiste, de venir vous attaquer dès que vous donnez signe de religion? *Ah! vraiment il est plus bigot et plus fanatique que vous tous, à l'endroit de ses idoles, et il fait à ses dieux plus de pèlerinages que vous n'en ferez jamais au Dieu du Ciel.* N'est-il pas toujours en route par monts et par vaux, par eau et par terre, en chemin de fer ou en bateau à vapeur, à pied ou en voiture, pour le bon plaisir de ce qu'il adore? Comptez donc ses soirées, ses bals, ses spectacles, ses noces, ses festins, ses rendez-vous, etc. En voilà des pèlerinages! Mais ce n'est pas tout. Est-il malade, le mondain railleur, éprouve-t-il un petit malaise, une indisposition quelconque : le voilà qui s'achemine vers la demeure du médecin pour aller lui confier ses douleurs et lui en demander la guérison. Je ne l'en blâme pas; mais lui, pourquoi se moque-t-il de vous, chers Pèlerins, quand vous venez consulter les médecins de Dieu. Que faut-il dire, après cela, de ses pérégrinations aux eaux de Bade, de Vichy, de Plombières, d'Aix, etc., etc., pour se délivrer de la goutte, d'une névrose ou d'une maladie de peau? C'est très-permis; mais est-il bien plus raisonnable que le chrétien qui va visiter un saint de Dieu pour obtenir du soulagement par son intercession? Vous entendez dire souvent, chers Pèlerins : « Mieux vaut s'adresser au bon Dieu qu'aux saints; » ce qu'on ne comprend pas trop, puisque, comme je vous l'ai prouvé, c'est Dieu qui opère par ses serviteurs; mais ce qu'il y a de certain, c'est qu'il vaut mieux recourir aux saints qu'à des hommes souvent impuissants et qui accordent le moins qu'ils peuvent, ou qui ne peuvent autant qu'ils veulent.

Riez-vous donc, chers Pèlerins, des railleries du monde. Sans doute ces mondains n'adorent pas le vrai Dieu, comme vous, pour le moment; mais ils peuvent vous servir de modèle, par leur dévotion au dieu qu'ils se sont fabriqué, car ce sont les premiers dévots de la terre, dans leur genre. Il est même une chose qu'il est bon de publier à leur gloire, et peut-être un peu à votre confusion, Pèlerins timides : c'est qu'ils ne rougissent jamais de leur dévotion à leurs idoles; ils s'en vantent même. Ainsi, que l'un d'eux vienne à me lire, par hasard, il se fâchera peut-être contre moi; mais au lieu d'être honteux, il relèvera fièrement la tête en disant : « Tout cela ne m'empêchera pas d'aller au café, au bal masqué et ailleurs. » A la bonne heure, c'est du courage! Ce n'est pas vous peut-être, dévots du bon Dieu, qui vous montreriez aussi braves.

Quand on vous parle de vos confessions et de vos communions, ne rougissez-vous pas un peu? Prenez garde, chères âmes, N. S. J.-C. a dit : « Qui rougira de moi devant les hommes, je rougirai de lui devant mon père. » Est-ce grand d'être honteux de bien faire, de se cacher pour venir en pèlerinage ou pour dire son bénédicité?

J'espère bien qu'il n'en sera plus ainsi, chers Pèlerins! Vous viendrez donc ostensiblement sans ostentation, mais au vu et au su de tout le monde, portant haut l'étendard de votre foi. Notre grand Dieu ne vaut-il pas bien les idoles de ces messieurs : l'or, l'argent, les honneurs, les plaisirs et le reste. Tout cela mène au péché et à l'enfer, tandis que notre religion mène à la vertu et enfin au Ciel. Courage donc, Pèlerins de Dieu, votre démarche plaît au Seigneur qui a fait pour nous le grand voyage du Ciel à la terre et de la crèche au Calvaire (1). Ah! il n'a pas rougi, cet adorable Sauveur, de mourir pour nous entre deux larrons! Montrez-vous dignes de lui; vous êtes chrétiens, c'est un trop beau titre pour le renier! Ne craignez donc pas de vous incliner humblement devant notre Père

(1) Sap., 18, 15. — Ps. 18, 6, 7.

céleste. Tout est grand, tout est noble, tout est saint dans la religion de Jésus, même les plus petites choses que le Saint-Esprit élève à la sublimité de l'ordre surnaturel. Venez, c'est par ces petits pèlerinages de la terre qu'on arrive au pèlerinage du Paradis.

XVII.

DISPOSITIONS REQUISES POUR BIEN FAIRE SES PÈLERINAGES.

Je pourrais ici, chers Pèlerins, entrer dans de grands développements; mais comme je ne veux ni vous fatiguer, ni vous effrayer, ni vous décourager, je vous dirai que toutes les dispositions requises pour bien faire votre pèlerinage se résument à une seule, c'est une humble et inébranlable confiance en Dieu; et je vous ferai grâce encore de toute discussion, je vous le prouverai par des exemples qui vous toucheront plus que des raisonnements.

Premier exemple : Tout le peuple d'Israël était dans la désolation, parce qu'il n'était pas tombé une goutte de pluie depuis trois ans et six mois. Le ciel s'était fait d'airain, comme dit l'Ecriture sainte, et la terre de fer. On mourait de faim et de soif, et de partout s'élevaient des cris de détresse ou de blasphème. « Ne vous désespérez pas, dit le prophète Elie devant l'assemblée du peuple, vous aurez de la pluie. » Or, il n'y avait pas un seul nuage au ciel. N'était-ce pas bien hardi de faire une semblable promesse en face de tout un peuple? Mais Elie connaissait la puissance de la prière, et il allait se servir de cette arme contre Dieu irrité. Il se rend sur la montagne du Carmel, et là, prosterné la face contre terre, il demande au Seigneur de déposer son courroux et d'envoyer de la pluie à son peuple désolé. Après quelques moments d'attente, il dit à son disciple : « Monte sur le sommet de la montagne, et regarde du côté de la mer s'il ne se forme pas quelque nuage. » Mais le serviteur revient bientôt, disant : « Je ne vois rien qu'un ciel serein et une mer calme. » Voilà, certes, une grande épreuve. Le prophète vient de prier avec ferveur, et le Seigneur paraît se montrer sourd à sa voix. Un fidèle ordinaire se fût rebuté, pensant que ce n'était pas la volonté de Dieu de donner encore de la pluie à Israël. Mais Elie ne se rend pas pour si peu. Il se remet à prier, et dit de nouveau à son disciple : « Va voir encore. » Mais encore rien. Combien eussent dit : « Je ne prierai plus. » Mais le prophète recommence trois fois, quatre fois, cinq fois, six fois, envoyant toujours son disciple qui revient toujours dire : « Je ne vois rien. » Qui de nous ne se serait pas découragé? Mais Elie a une confiance inébranlable en son Dieu, il sait qu'il est tout-puissant et tout bon, il veut de la pluie, et il en aura, il faudra que le Seigneur cède avant lui. Il prie donc une septième fois, envoyant toujours son serviteur. C'était là que Dieu l'attendait. Tant de confiance devait être couronnée de succès. « Vois-tu quelque chose, demande le prophète à son disciple? — Peu de chose, répond celui-ci, un petit point noir, un nuage de rien, pas plus gros que le pied d'un homme, qui s'élève de la mer. — Bien, dit Elie, c'est la pluie. Maintenant va dire au roi et au peuple de se hâter s'ils ne veulent pas être surpris par l'orage. » Mais il était trop tard; en un instant le petit nuage couvrit le ciel, arrivèrent les ténèbres, soufflèrent les vents, gronda la foudre, et la pluie tomba par torrents avant qu'on fût à couvert (1).

Comprenez-vous, chers Pèlerins, comment tout dépend pour vous de votre confiance en Dieu? Si Elie avait douté, s'il s'était découragé

(1) III Reg., 18. 41.

à la deuxième, à la troisième, à la quatrième et même à la sixième invocation, il n'aurait rien obtenu; il ne fut exaucé que par sa persévérance. Ne doutez donc pas non plus que vous ne soyez exaucés tôt ou tard. Dites à Dieu avec humilité, comme Jacob à l'ange : « Je ne m'en irai pas que vous ne m'ayez béni. » Et vous serez certainement bénis (1).

Deuxième exemple : C'est celui de la Cananéenne, une femme en péché qui vient prier Jésus pour sa fille. Peut-être plaira-t-il encore plus que le premier, car après tout nous ne sommes pas des saints comme Elie; mais si une femme ordinaire, autant et peut-être plus pécheresse que nous, obtient tout ce qu'elle veut de la bonté de Dieu, comment pourrions-nous tomber dans la défiance?

Jésus étant venu dans le pays de Tyr et de Sidon, dit l'Evangile, voilà qu'une Cananéenne, originaire de ces contrées, se met à crier de toutes ses forces : « Seigneur, fils de David, ayez pitié de moi, car ma fille est cruellement tourmentée par un démon (2). » Que fait Jésus, au cri de cette mère en peine? Oh! chers Pèle-

(1) Gen., 32, 26.
(2) Math., 15, 21.

rins, il ne lui répond pas même un mot, lui qui s'arrêtait pour parler à un petit enfant. Etait-ce de la dureté ou de l'indifférence? Ne le croyez pas : le bon Sauveur voulait seulement mettre à l'épreuve la confiance de cette mère. La pauvre Cananéenne ne se rebute pas, en effet; mais voyant que le Maître de l'écoutait pas, elle se glisse parmi les disciples, et par ses supplications, ses larmes, cherche à entrer dans leurs bonnes grâces pour les faire intercéder en sa faveur. Voilà bien ce que vous faites, chers Pèlerins, en vous adressant aux saints de Dieu. Vous ne les adorez pas, vous ne leur demandez pas la grâce comme venant d'eux, vous les conjurez seulement de demander à Dieu pour vous. Alors quelques apôtres s'approchent de Jésus et lui disent: « Seigneur, exaucez cette femme, car elle ne cesse de crier derrière nous. — Je ne suis envoyé, répond le Sauveur, que vers les brebis d'Israël qui ont péri. » C'était à peu près un refus, un refus motivé, car la malheureuse mère n'était pas de la famille de Jacob, pas même de l'Eglise d'Israël. Combien, en sa place, auraient dit: « Cessons nos instances, puisque Dieu nous réprouve, ne nous faisons pas humilier davantage. » Mais elle était mère, la Cananéenne, et sa fille souffrait : elle ne doute pas qu'elle ne puisse attendrir le cœur de Dieu. Elle s'avance donc, avec la sainte hardiesse de la misère, se place devant Jésus, se prosterne à ses pieds, l'adore humblement et lui dit ces seules paroles : « Seigneur, aidez-moi ! » Voilà bien la prière telle que la demande N. S. J.-C.; peu de mots, mais qui partent du cœur. Seigneur, aidez-moi ! Elle ne parle plus de sa fille, ni de son triste état; elle souffre, Dieu le sait, Dieu la voit, et elle attend la miséricorde. Seigneur, aidez-moi ! Quel acte de foi à la toute-puissance, à l'omniscience, à la bonté de Dieu ! Tout prie dans cette mère ! sa langue, ses yeux, ses mains, sa pose, ses soupirs, tout va droit au cœur de Jésus. Ne sera-t-elle pas exaucée ? Ecoutons : « On ne prend pas le pain des enfants pour le jeter aux chiens, répond Jésus avec une dureté apparente ! » Oh ! bien-aimés Pèlerins, qui de nous ne se fût désespéré à ces paroles de Dieu ? Mais ne soyez pas scandalisés, N. S. J.-C. semble se raidir contre la force de la prière, peut-être même a-t-il déjà fait un mouvement pour s'éloigner, mais déjà son cœur est gagné; il cédera, car il a affaire à trop forte partie; la mère suppliante le retient, et vous allez voir que Dieu écoute les pécheurs comme les justes. « Pardon, Seigneur, reprend la Cananéenne, je vous prends par votre comparaison. Il est vrai que je suis aussi misérable que vous le dites, car ma vie est toute souillée de péchés ; mais si l'on ne donne pas aux chiens le pain des enfants, encore leur permet-on de ramasser les miettes qui tombent de la table de leur maître. Me refuserez-vous, à moi pécheresse, cette miette de votre pain ? Ce que je vous demande est peu de chose, rien pour vous, mais beaucoup pour moi ; un mot, et tout est fini ; aidez-moi donc ! » En voilà, de l'humilité et de la confiance ! Autant que dans le saint homme Job lorsqu'il disait : « J'espère en Dieu, et eût-il le poignard à la main pour me tuer, que j'espérerais encore en lui (1). » Croyez-vous, chers Pèlerins, que N. S. J.-C. pourra résister à cette dernière attaque ? Oh ! non. Il est lui-même dans l'admiration. « Femme, lui dit-il, au milieu de ses apôtres en attente, votre foi est grande, allez, et qu'il vous soit fait comme vous voulez (2).

Priez ainsi, chers Pèlerins, et je vous réponds que rien ne vous sera refusé. Vous voyez que notre Dieu est un bon père qui se laisse toujours

(1) Job, 13, 15.
(2) Math., 15, 21.

gagner. Il ne sait punir ; confiance donc, confiance. Ne craignez rien, fussiez-vous dans le triste état de la Cananéenne, demandez, vos péchés n'y feront rien, vous obtiendrez si vous priez avec humilité. Forcez la main à notre bon Dieu, il ne pourra résister, c'est lui qui l'a dit : « En vérité, en vérité, tout ce que vous demanderez, vous l'aurez. » Ah ! quel bon père que notre Dieu ! Si on le connaissait bien, combien de misères de moins sur la terre ! Mais aussi combien de pécheurs auraient horreur de l'offenser et se hâteraient de revenir à lui !

XIX.

IL EST TRÈS-CONVENABLE DE SE SOUMETTRE AVEC HUMILITÉ AUX PRATIQUES PIEUSES ÉTABLIES DANS LES LIEUX DE PÈLERINAGES ET QUI NE SONT PAS CONDAMNÉES PAR L'ÉGLISE.

Ce n'est pas tout de faire son pèlerinage avec une parfaite confiance ; il est encore bon de le faire avec une profonde humilité, et par conséquent de se soumettre aux petites pratiques établies par l'usage et non condamnées par l'Eglise de Dieu, car il pourrait se faire que le Seigneur ne voulût vous exaucer qu'à ces conditions, pour la mortification de l'orgueil humain.

C'est ici surtout, bien-aimés Pèlerins, que le monde va vous lancer ses bordées de plaisanteries. Prier à genoux, baiser des reliques, passer sous une châsse, mettre une chandelle devant un saint, dire le chapelet, faire tant de tours dans une église, boire de l'eau d'une fontaine, porter une médaille, faire toucher des linges à une statue, se confesser, jeûner, réciter les mêmes prières durant neuf jours !... quelles momeries aux yeux du monde qui se porte bien ! Petitesses d'esprit, faiblesses d'imagination ! superstitions ! diront quelques frondeurs ; et ils hausseront les épaules de pitié ! Les nobles gens ! qu'ils sont heureux d'avoir tant d'esprit... et de ne pas avoir le mal Saint-Méen ! car croyez-le, chers Pèlerins, alors ils viendraient comme vous se prosterner devant la châsse de notre saint et faire leur neuvaine. Combien j'en ai vus, de ces philosophes, demander pieusement la guérison de leurs dartres au grand médecin d'Attigny ! Ils n'auraient pas manqué un iota, et ils exécutaient avec une soumission toute édifiante jusqu'aux pratiques superstitieuses de nos vendeuses de neuvaines. Ainsi va le monde : il blasphème quand il fait beau et fait des signes de croix au premier éclair. Il a la religion de la peur.

Vous laisserez-vous trembler, chers Pèlerins, devant ces pourfendeurs qui n'oseraient probablement dîner à treize, ou qui s'épouvantent des cris d'une chouette. Prenez garde ; pour échapper à leurs railleries, il pourrait vous arriver de manquer votre pèlerinage.

Vous savez que Dieu seul peut guérir, et qu'il ne donne son pouvoir à ses saints que partiellement, aux conditions qu'il lui plaît. Pourquoi ne vous y soumettriez-vous pas? vous ne voulez pas passer pour bigots! Ah! le trop d'esprit n'empêchera-t-il pas le miracle? Moïse ne faisait ses prodiges en Egypte que par la verge qui lui avait été donnée au buisson ardent (1); Josué ne renversa les murailles de Jéricho qu'en faisant sept fois la procession autour de la ville (2), et Isaïe ne guérit Ezéchias qu'avec un topique de figues (3). Tout cela pouvait paraître puéril, mais c'était à ces petites choses que Dieu attachait sa puissance. N'est-ce pas avec de la boue que N. S. J.-C. a fait voir clair à l'aveugle-né (4)? avec de la salive qu'il rendait l'ouïe aux sourds (5)? Que de malheureux n'auraient rien obtenu s'ils avaient eu autant d'esprit que certains messieurs d'aujourd'hui? Croyez-vous, chers Pèlerins, que Dieu n'est pas toujours le même, et qu'il n'attache pas encore ses bénédictions à ces petits riens qui font rire les

(1) Exod., 4, 17.
(2) Josué, 6, 3, etc.
(3) IV Reg., 20, 7.
(4) Joan., 9, 6.
(5) Marc, 7, 33.

impies? Il veut comme autrefois confondre notre orgueil, voilà tout le secret; et il nous sauve ou nous tue par des moucherons ou d'autres insectes plus petits encore (1). Ce sont toujours les petits et les humbles qui se tirent d'affaire, tandis que les orgueilleux et les superbes se trouvent renversés, comme dit notre admirable Vierge en son beau cantique : *Deposuit potentes de sede et exaltavit humiles.*

Après tout, chers Pèlerins, qu'y a-t-il donc de si ridicule à ces petites pratiques pieuses établies dans nos pèlerinages? Ne sont-elles pas au contraire autant d'actes de foi, d'humilité, de contrition, de confiance et de charité? Se mettre à genoux, c'est la pose de l'adoration ou au moins d'un profond respect; N. S. J.-C. ne se prosternait-il pas devant son père (2)? Dire le chapelet! mais c'est l'*ave Maria,* la salutation de l'ange, répété cinquante fois! Combien de fois l'Enfant-Jésus ne l'a-t-il pas redit à sa mère aimée? Un cierge qui brûle, c'est le symbole de la foi, de la charité et de l'innocence. Boire de l'eau d'une fontaine! mais le Sauveur n'a-t-il pas été baptisé dans le Jourdain (3)? n'avons-

(1) Exod., 8, 3, 16, 24.
(2) Math., 26, 29.
(3) Math., 3, 16.

nous pas été régénérés par l'eau baptismale? Baiser des reliques! Jésus baisait les petits enfants (1), et les reliques sont les restes des saints amis de Dieu. Passer sous une châsse... Ah! c'est de l'humilité! nous confessons par là combien nous sommes au-dessous des saints serviteurs de notre grand Dieu. Quant aux processions autour de l'église, est-ce que tout le monde n'en fait pas aux Rameaux, à la Purification, etc.; c'est en souvenance des pérégrinations de Jésus, de Marie et des saints. Faire toucher des linges (2), c'est imiter les premiers chrétiens qui se guérissaient avec les vêtements à l'usage de saint Paul. Pour les médailles, ce sont les images des saints propres à nous rappeler le souvenir de ceux que nous aimons. Jeûner, redire les mêmes prières durant neuf jours, il n'y a en cela rien que de très-louable, puisque N. S. J.-C. a jeuné durant quarante jours et quarante nuits (3) et a toujours redit la même prière à son père au jardin des Olives (4). Nous trouverions-nous donc plus grands, plus sages que l'Eglise de J.-C. et que cet adorable Sauveur lui-même, pour avoir honte

(1) Marc, 10, 23.
(2) Act., 19, 12.
(3) Math., 4, 2.
(4) Math., 36, 44.

de marcher sur leurs traces? Ah! chers Pèlerins, suivez ces pieux modèles (1), vous n'aurez pas à craindre de vous égarer.

Du reste, toutes ces pieuses pratiques que l'on voudrait traiter de momeries ne se retrouvent-elles pas dans l'intérieur de la famille, pour le bonheur de la vie domestique? Quel enfant bien né n'embrasse pas souvent son père et sa mère? Combien de fois les parents et les enfants ne se saluent-ils pas mutuellement par les mêmes paroles? La jeune fille est heureuse de poser un bouquet sur la cheminée de sa mère, une fleur sur son sein; tous nous sommes heureux d'avoir le portrait de nos père et mère en grands tableaux ou en médaillons que nous baisons avec amour. La mère qui a perdu son enfant serrera sur ses lèvres ou sur son cœur un objet quelconque qui lui aura appartenu; et nous applaudissons à ces beaux sentiments qui se manifestent ainsi au dehors. Pourquoi donc trouverait-on mauvais que des chrétiens se permissent, dans la vie surnaturelle, envers Dieu et ses saints, ce que nous trouvons si beau dans la vie ordinaire.

Sont-ce les mondains surtout qui ont le droit

(1) Joan., 8, 12.

de se moquer de vous, chers Pèlerins? Mais ils vont plus loin que vous dans leur genre. Il faut voir comme ils sont soumis aux volontés de leurs médecins, par exemple, comptant scrupuleusement le nombre de leurs sangsues, les gouttes d'éther ou de laudanum; présentant le pouls et la langue, restant immobiles, couchés sur le dos ou sur le côté des journées entières, selon les décisions du docteur, pesant la nourriture, mesurant la boisson, faisant diète, s'astreignant à une foule de prescriptions plus ou moins gênantes, au gré d'un homme qui n'est pas infaillible. Ah! les saints de Dieu ne vous en demandent pas autant.

Mais ce n'est pas tout; laissez-moi dévoiler quelques petites pratiques des dévots du monde, et vous verrez si vous avez lieu de rougir devant eux. Il se rit, l'impie, d'une bonne femme qui reste longtemps devant le saint-sacrement, ou au confessionnal, ou devant la châsse d'un saint! Compte-t-il les heures, lui, dans ses divertissements? Ses veillées sont-elles jamais assez longues? Il ne rentre qu'à minuit ou à deux heures du matin. Ecoutez bien, voilà un libertin qui se moque, se raille à cœur-joie de nos saints, de nos cérémonies, de nos reliques, de nos images, de nos petits livres, de nos chapelets et de nos croix : il est très-content de lui-même, son esprit a miroité comme un diamant à facettes, aux dépens d'une dévote ! Eh bien, suivez-le au sortir de là. Vous le retrouverez bientôt dans l'antichambre d'un plus grand que lui, causant très-humblement au domestique qu'il caresse, qu'il prie plus dévotement qu'un Pèlerin ne prie saint Méen ou la bonne Vierge, le conjurant de présenter sa requête au maître qu'il n'ose aborder. N'est-ce pas là un spectacle de tous les jours, avec grandes neuvaines souvent renouvelées ? Puis il fera, pour le voir, de longs voyages à pied ou en voiture, revêtu de ses plus beaux habits pour orner la procession, et ajouter ses vivats aux vivats des autres courtisans, trop heureux s'il peut arracher une bribe de faveur, une poignée de main, un petit salut, un regard. Et il ose se moquer de vous, chers Pèlerins ! « La vie en dépend, » disent-ils pour excuse. Oui, la vie corporelle, s'entend ! Et nous, n'avons-nous pas pour justification les besoins de la vie surnaturelle qui ne passe pas.

Parlerai-je maintenant de leurs médaillons, de leurs reliques, de leurs livres, de leurs chants, etc., etc. ? Oh ! non ! je ferais rougir la plus grosse pudeur. Et les petites offrandes ne manquent pas, ni les petites chandelles. On sait qu'ils sont prodigues d'étrennes, jusqu'à se ruiner pour satisfaire leurs passions.

Blâmeront-ils vos jeûnes et vos mortifications? Mais leurs jeûnes d'étiquette, leurs nuits passées à la belle étoile, leurs terreurs, leurs humiliations, leurs expulsions, leurs déceptions, leurs affronts de toute espèce qui ne les rebutent jamais. Ah! nos plus grands saints ne se crucifient pas tant pour gagner le Ciel, et ces malheureux iraient au Paradis avec moitié de ce qu'ils souffrent pour se damner. Mais je vous le demande maintenant, chers Pèlerins, de quel côté est la petitesse d'esprit. Vous, c'est devant Dieu seul que vous vous abaissez, et pour votre salut éternel. Et eux, devant qui et pour quoi rampent-ils?

Allez donc, chers Pèlerins de Dieu, à la suite de Jésus, de Marie et des saints, et ne rougissez pas de vous soumettre aux plus petites pratiques de la religion. Rien n'est petit, croit-on, dans les palais des rois, on s'y honore des services les plus abjects, même de cuisinier et de valet de chambre. Que peut-il donc y avoir de dégradant dans la maison de Dieu, dont le service est une royauté, et dont le plus petit saint, comme le dit saint Paul en son épître aux Corinthiens, sera constitué juge du monde et des anges!

Mais un esprit charnel ne comprend pas ces mystères glorieux. Béni soit Dieu qui vous les a manifestés, humbles Pèlerins de Saint-Méen, et montrez-vous-en reconnaissants à jamais.

XX.

DÉFAUTS A ÉVITER DANS LE PÈLERINAGE DE SAINT-MÉEN, COMME DANS LES AUTRES.

Ce dont il faut rougir, dans un pèlerinage, ce ne sont pas les petites choses dont le monde se moque, mais bien les excès qu'il approuve, et qu'on se permet souvent à la honte du saint qu'on vient honorer.

1° *Orgueil et présomption.* On pense avoir un droit strict à la protection de Dieu, parce qu'on est riche, grand, savant, ou en place; parce qu'on a échappé à certains crimes; qu'on n'a ni tué ni volé, comme s'il n'y avait pas bien d'autres iniquités! C'est de l'orgueil, tout cela, chers Pèlerins. Les grandeurs terrestres ne sont rien devant Dieu; au contraire, si quelqu'un a droit à ses faveurs, ce sont les pauvres et les petits, que Jésus a honorés particulièrement;

et l'observation de deux commandements est aussi une pauvre recommandation, si l'on viole les autres. Confessons donc humblement notre misère à notre adorable Médecin, avouant avec le centurion que nous ne sommes pas dignes qu'il s'abaisse jusqu'à nous, et en appelant purement et simplement à sa miséricorde pour nous, pauvres pécheurs, comme le publicain de l'Evangile qui se frappait la poitrine.

2° *Dissipation.* Il ne faut pas faire son pèlerinage comme un voyage ordinaire, pour se récréer, se divertir, se délasser, mais avec recueillement, nous rappelant nos péchés, nos faiblesses, nos iniquités dans l'amertume de notre âme.

3° *Intempérance.* Les excès en ce genre sont toujours indignes de l'homme; que serait-ce pour un Pèlerin? Peut-il se permettre de faire gras les jours défendus, ce qui est interdit même dans les voyages ordinaires? Assurément ce serait se rendre grandement coupable, comme de boire outre mesure. Si l'on n'est pas obligé de mendier son pain, ni de jeûner, au moins qu'on se mortifie, et qu'on prenne seulement le nécessaire. Sans doute Dieu exauce comme les justes, pour les choses temporelles, les pécheurs qui l'implorent avec foi, humilité et confiance ; mais assurément il repousserait les pécheurs qui s'obstineraient à l'offenser même au moment où ils viennent le prier.

4° *Impiété*. On ne croirait pas que ce fût possible dans un pèlerinage, mais cela arrive encore trop souvent. Il se rencontre des Pèlerins qui blasphèment contre Dieu, tout en priant les saints. Abominable disposition ! Ignorance crasse ! Je ne dis pas qu'ils n'obtiendront rien, mais la grâce deviendra pour eux une malédiction, comme l'Eucharistie est la mort pour les sacriléges.

5° *Irrévérence*. C'est offenser Dieu et ses saints de causer dans l'église, aux processions qui se font en l'honneur des saints, surtout à la procession du Saint-Sacrement, si elle a lieu, comme à Attigny, le 12 juin, à la fête de saint Méen. Qu'on ne se tienne pas non plus, dans la maison du bon Dieu, comme un curieux qui veut tout voir, tout passer en revue, sans penser au grand Maître qui y siége, sur son trône, dans le tabernacle.

6° *Impureté*. Pieux et impur ne vont pas ensemble, car Dieu est la pureté par essence, et rien d'impur n'entre au Ciel ; on ne peut donc guère espérer les faveurs de Dieu, si l'on ne se tient en garde contre le vice honteux. Ainsi ayez horreur, chers Pèlerins, des mauvaises conversations, des mauvaises chansons, des mauvaises actions, des mauvaises pensées et des mauvaises compagnies. Le démon cherchera à semer le mauvais grain dans le champ du père de famille. Peu lui importe que vous soyez guéris, pourvu qu'il tue votre âme. Il ferait des miracles, s'il pouvait, pour vous attirer plus sûrement dans l'enfer. Ne vous laissez donc pas prendre à ses piéges.

7° *Sacriléges.* On vous aura dit, chers Pèlerins, qu'il est bon de se confesser; c'est très-vrai, car, comme je vous l'ai dit, l'état de grâce est une toute-puissante recommandation auprès de Dieu. Mais pas de confession sacrilége, c'est-à-dire sans vérité et sans contrition. Une mauvaise action ne remplit jamais la fin d'un précepte ou d'un conseil. N'allez pas non plus communier indignement, ce serait un nouveau sacrilége, le crime de Judas. Confessez-vous bien, ou ne vous confessez pas du tout. Vous pouvez être guéris sans cela; donc pas de sacrilége; vous attendrez que vous soyez bien disposés.

8° *Ingratitude.* N. S. J.-C. a blâmé publiquement les neuf lépreux qui ne sont pas venus le remercier de leur guérison. Qu'aurait dit ce bon Sauveur, si ces ingrats l'avaient attaqué et outragé? Voilà pourtant ce qui arrive à quelques Pèlerins : après leur guérison ils se moquent du saint qui les a guéris, et offensent Dieu plus que jamais! N'est-ce pas une abomination? Oh! chers Pèlerins, ne vous rendez pas coupables d'une si noire ingratitude, car il pourrait vous arriver pis encore, comme à ce malheureux possédé dont il est parlé dans l'Evangile, qui n'a été délivré de son démon que pour tomber ensuite, par sa faute, au pouvoir de sept autres démons plus méchants que le premier. Montrez-vous, au contraire, reconnaissants envers le Seigneur, et si vous avez eu le malheur de ne pas vous convertir avant votre guérison, au moins convertissez-vous, de tout cœur, après, revenant sincèrement à un Dieu infiniment miséricordieux, qui s'est montré si bon envers des ennemis. C'est là ce que vous devez désirer avant tout, car il vaudrait encore mieux être lépreux que pécheur.

XXI.

PETITES PRATIQUES EN USAGE DANS LE PÈLERINAG DE SAINT-MÉEN, A ATTIGNY.

Je termine ce petit ouvrage, chers Pèlerins, en vous faisant connaître les petites pratiques auxquelles vous pourrez vous soumettre humblement, soit pour faire efficacement, soit surtout pour faire saintement votre pèlerinage à saint Méen d'Attigny.

Quoique vous puissiez obtenir de Dieu des grâces de guérison, même en état de péché mortel, si toutefois vous ne vous y complaisez pas par un esprit de blasphème, j'aime à croire que vous préférerez vous réconcilier par une sincère pénitence, afin de retirer de votre pieuse pérégrination toutes les faveurs spirituelles qui y sont attachées. Je vous parle donc ici comme à des enfants aimants de notre Père qui est au Ciel.

1° Avant tout, chers Pèlerins, si vous vous sentez coupables de quelque faute grave, préparez-vous par une bonne confession de tous vos péchés, et par une sainte communion, si votre confesseur vous le permet. Je vous conseille de vous adresser au curé de votre paroisse, plutôt que d'aller chercher un confesseur au-dehors, à moins toutefois que vous n'ayez quelques raisons; car il pourrait arriver que dans votre voyage vous ne puissiez trouver un prêtre à votre disposition; et puis n'est-il pas mieux de recourir au père spirituel que le bon Dieu et l'Eglise vous ont donné? Ce sera tout à la fois une satisfaction pour vous, un bon exemple pour votre paroisse. Cas ordinaire, chers Pèlerins, la confession à son propre pasteur produit des fruits plus salutaires.

2° Durant le voyage, que je vous engage à faire à pied, sauf le cas d'impossibilité, entretenez-vous avec le bon Dieu par de saintes méditations, ou par des prières vocales, telles que vous en savez. Mortifiez-vous, jeûnez si vous le pouvez, et éloignez-vous de tout amusement, même innocent, qui pourrait vous distraire de votre union à N. S. J.-C.

3° Je vous conseille de ne pas mendier votre pain; ce serait imprudent, au temps où nous vivons, et je n'y vois aucune obligation réelle; il sera mieux, je crois, de faire une aumône à un pauvre, ou à tous les pauvres que vous rencontrerez, car l'aumône fait trouver miséricorde devant Dieu.

4° En arrivant à Attigny, chers Pèlerins, rendez-vous immédiatement à l'église, et là que votre première visite et vos premiers hommages soient pour N. S. J.-C., qui seul a le pouvoir de guérir, et sans qui les saints n'ont aucune puissance. Tenez-vous quelque temps en adoration devant le Saint-Sacrement qui est au grand autel; puis vous offrirez vos sentiments pieux à la Sainte-Vierge Mère de Dieu, patrone d'Attigny, afin de vous la rendre favorable; car elle a tout pouvoir auprès de Dieu par son divin Fils, et elle ne vous refusera rien si vous l'invoquez en l'honneur de son immaculée Conception.

5° Après ces devoirs sacrés, vous vous adresserez à saint Méen avec une parfaite confiance, comme à un bon médecin surnaturellement constitué par Dieu pour avoir pitié des dartreux, et vous le prierez humblement d'agréer vos pénitences, vos mortifications, et de vous délivrer d'un mal qui vous a été justement infligé sans doute, mais qui vous paraît très-pénible dans vos relations domestiques et sociales. Toutefois, entrez dans les sentiments admirables de N. S. J.-C. au jardin des Olives, disant humblement : « S'il est possible, que ce calice passe loin de moi, mais que la volonté de Dieu se fasse et non la mienne. » Vous pourrez réciter les sept spsaumes de la pénitence, ou plusieurs *Pater* à Dieu en union à votre céleste protecteur, ou la prière de saint Méen comme à la fin de cet ouvrage; ou mieux encore, vous ferez des prières telles que vous en inspireront votre foi et vos besoins particuliers.

6° Il est d'usage de faire toucher à la châsse de saint Méen, toujours exposée sur son autel, des linges dont on veut se servir au retour. On peut se soumettre sans rougir à cette pieuse pratique, et on trouvera toujours une personne pour ouvrir la grille de la chapelle, au besoin, mais gratis, sans aucune rétribution, même sous forme d'aumône, car nous ne voulons pas que l'on rançonne les Pèlerins, sous aucun prétexte. Libre à vous, chers dévots de saint Méen, de déposer vos offrandes dans le tronc de la chapelle, pour embellir l'autel de notre saint ou pour des messes à votre intention.

7° La plupart des Pèlerins offrent aussi une chandelle à saint Méen. Il n'y a en cela rien de répréhensible. C'est un symbole de foi et de charité. Mais je conseille aux Pèlerins de donner plutôt une petite bougie en cire, ce qui est plus conforme à l'esprit de l'Eglise, qui ne se sert que de cire dans ses offices. Nous aurons soin de faire préparer des bougies à bas prix, afin que les pauvres puissent s'en procurer. Nous aimerions mieux faire un sacrifice pour eux que de voir brûler tant de chandelles dont la fumée noircit l'église et incommode les fidèles.

8° Plusieurs dévots de saint Méen font en son honneur trois fois le tour de la grande nef en récitant des prières. On ne peut les accuser en cela de superstition, mais ce n'est pas non plus une obligation. Seulement nous recommandons aux Pèlerins de ne jamais faire ces processions durant les offices, surtout pendant la messe : ce serait montrer trop peu de respect pour l'auguste et adorable sacrifice de N. S. J.-C.

9° On peut aussi emporter de l'eau de saint Méen, que l'on puise à la rivière d'Aisne, sous le pont d'Attigny, à l'endroit où, selon la tradition, notre bien-aimé patron a guéri un lépreux il y a plus de 1,100 ans. J'ai vu des Pèlerins fort instruits qui ont éprouvé un grand soulagement au moyen de cette eau, dont ils se moquaient d'abord. C'est la foi qui donne force et puissance à toutes ces choses en apparence futiles et ridicules.

Voilà toutes les conditions du pèlerinage de Saint-Méen. Rien n'y est difficile ni coûteux. Tout y est gratuit, et si les Pèlerins y dépensent de l'argent, c'est qu'ils le veulent bien, se laissant exploiter par des femmes qui assiégent l'autel de notre saint, comme il s'en trouve toujours dans les lieux de pèlerinage. Qu'ils se tiennent donc pour avertis.

Outre la station à Saint-Méen, plusieurs personnes font un second pèlerinage à Montmarin pour honorer saint Antoine, et à Sainte-Vaubourg en l'honneur de sainte Reine. C'est la réunion de ces trois stations qu'on nomme le grand pèlerinage de Saint-Méen. C'est un usage très-ancien, très-louable, et on fera bien de ne pas s'en dispenser, quoique nous n'y voyions aucune obligation pour les personnes qui n'ont promis que le pèlerinage à Saint-Méen.

Il n'est pas nécessaire de rester à Attigny pour faire la neuvaine; on peut la continuer en route et dans sa paroisse, mais les Pèlerins feront très-bien d'assister à la sainte messe tous les jours, autant que possible, et ils diront trois fois par jour des prières à leur choix et l'oraison de saint Méen.

Comme nous l'avons dit, si l'on ne peut venir à Attigny, on peut faire une neuvaine dans sa paroisse en attendant qu'on puisse entreprendre le pèlerinage.

Nous rappelons à nos bien-aimés Pèlerins qu'ils peuvent gagner une indulgence plénière en visitant l'église d'Attigny le 12 juin, fête de saint Méen, comme nous l'avons exposé plus haut.

XXII.

LE PÈLERIN NAAMAN,
HISTOIRE SACRÉE OU SONT CONFIRMÉS PRATIQUEMENT TOUS LES PRINCIPES ÉMIS AUX CHAPITRES PRÉCÉDENTS.

Je vous l'ai prouvé, chers Pèlerins, et vous le saviez déjà, Dieu seul a le pouvoir de guérir, mais il délègue partiellement sa puissance à ses saints contre certaines maladies, en certains lieux et à certaines conditions qu'il faut remplir scrupuleusement, si l'on veut avoir part à la distribution de ses faveurs. Je vais vous donner une démonstration pratique de toutes ces vérités dans une histoire tirée de l'Ecriture sainte : c'est le pèlerinage du lépreux Naaman.

Naaman, comme vous le savez peut-être, chers Pèlerins, était le généralissime des armées de Syrie, le ministre favori de son roi, qui l'avait comblé de biens, de richesses, d'honneurs, et l'avait admis à l'intimité de ses conseils. Mais tout cela ne l'avait pas empêché d'avoir la lèpre, le mal Saint-Méen, si vous voulez, car le bon Dieu est le grand maître, et les maladies ne sont guère courtisanes envers les grands, sinon pour les faire souffrir davantage quelquefois.

Naturellement tous les médecins de Syrie offrirent leurs services empressés au puissant et riche général. Mais tous les soins et les remèdes ne faisaient qu'aggraver le mal : Naaman restait lépreux, plus lépreux que jamais.

Les docteurs s'étant déclarés impuissants, ou à peu près, il n'y avait plus recours, pour le riche malade, qu'à la médecine surnaturelle. Mais Naaman est païen, il ne connaît pas le vrai Dieu, et il est trop instruit pour croire à la puissance des idoles, dieux de pierre ou de bois, d'argent ou d'or, qui ont des yeux et ne voient pas, des pieds et ne marchent pas, des mains et ne font rien. Il fallait donc se résigner à vivre avec son cruel ennemi, vice-roi et lépreux. Dans sa miséricorde infinie, le Seigneur-Dieu eut pitié du généralissime malade, d'abord pour manifester sa gloire, puis pour sauver une âme, enfin pour donner un modèle à tous les Pèlerins à venir.

Naaman avait à son service une pauvre esclave

israélite, qui avait foi en son Dieu plus qu'à tous les médecins du monde. Peinée de voir son maître toujours souffrant, désirant le délivrer de la servitude de la lèpre, cette bonne servante se hasarde à parler religion à ce haut seigneur. Elle lui apprend donc qu'il y a à Samarie, son pays natal, un prophète du vrai Dieu, puissant en œuvres et en paroles, et qui guérissait bien ce que les médecins ne pouvaient guérir, l'engageant à se rendre auprès de lui pour lui demander sa délivrance.

N'était-ce pas bien hardi, chers dévots de saint Méen, d'aller ainsi proposer un pèlerinage à un généralissime, à un haut ministre, païen et peut-être impie, ou au moins très-indifférent? Mais nos bonnes femmes ne sont pas très-timides en pareil cas, la foi leur donne de la hardiesse, et il n'est rien qu'elles ne fassent pour sauver une âme. Ne sont-ce pas encore elles qui avertissent nos malades au seuil de l'éternité? Du reste, les grands seigneurs ne sont pas trop difficiles à aborder, quand la mort les poursuit ou quand la santé leur fait défaut; une bonne chrétienne en ferait ce qu'elle voudrait. Nous l'avons vu plus d'une fois au temps du choléra. Ah! c'est que ces messieurs sont moins incrédules qu'ils ne paraissent. Ne les prenons jamais au sérieux dans leurs forfanteries. C'est un mauvais jeu. Aussi la servante juive a bientôt gagné sa cause, et le pèlerinage est décidé par son maître.

Voilà donc Naaman qui se met en route avec une grande suite montée sur des chameaux qui portent toute sorte de trésors à offrir au saint du vrai Dieu. Le bon païen, sans doute, croyait que les prêtres d'Israël ressemblaient aux siens, aimant l'or, l'argent et les pierreries. Il ne faut donc pas trop le blâmer, l'intention était bonne. En outre, il avait eu soin de se munir d'une lettre de son roi pour le roi d'Israël. Nouvelle erreur bien excusable pour un païen : il pensait que les grands de la terre avaient une grande influence sur les saints du vrai Dieu, peut-être sur le vrai Dieu lui-même, et que les rois pouvaient leur imposer leurs volontés comme à un préfet ou à un centurion. Il se rencontre encore de ces fausses idées par les temps où nous vivons, et on regarderait peut-être comme une injustice un refus d'absolution à qui porte galons ou chapeau bordé! Naaman comprendra bientôt la vérité et il verra que les palais des rois ne sont pas toujours le vestibule du Ciel.

Au lieu d'aller humblement trouver le prophète de sa bonne servante, notre Pèlerin s'en va donc pompeusement, avec toute sa suite, à la cour du roi d'Israël, et lui présente de la part de son seigneur, roi de Syrie, une lettre ainsi conçue : « Sachez que, au moment où vous recevrez cette lettre, je vous envoie Naaman mon serviteur, afin que vous le guérissiez de sa lèpre. »

Que vous en semble, chers Pèlerins? Est-ce par cette voie que vous vous présenteriez à saint Méen? Espéreriez-vous forcer ainsi la main au saint de Dieu? Pauvre roi de Syrie! qui n'est pas assez puissant pour guérir une maladie de peau, et qui est assez orgueilleux pour commander à un autre roi, moins puissant que lui, de faire ce qu'il ne peut : quel tableau de la faiblesse humaine et de sa vanité! Un ministre lépreux, un roi qui ne peut rien avec tous ses trésors, et qui, au lieu de confesser son impuissance, veut la cacher en commandant un miracle à un autre. Voilà pourtant l'esprit de nos frondeurs! Naaman aurait beaucoup mieux fait de suivre simplement les conseils de son esclave et d'aller voir le prophète en silence et sans bruit. Mais il faudra bien qu'il y revienne. Le bon sens des bonnes femmes est plus infaillible que le génie des philosophes.

Alors, dit l'Ecriture sainte, à la lecture de cette lettre, le roi d'Israël fut au désespoir, et déchirant ses vêtements : « Est-ce que je suis Dieu, moi, s'écria-t-il, pour pouvoir rendre la santé à un lépreux? Le roi de Syrie cherche sans doute des prétextes pour me faire la guerre! » Pauvre roi aussi, celui-là! Tous les jours il fait acte de toute-puissance en se révoltant contre Dieu, en se disant indépendant de toute autorité, en violentant la conscience de ses sujets et en les forçant d'adorer des dieux de son invention, et voilà qu'il a peur d'un autre roi, qu'il confesse sa faiblesse et son impuissance absolue devant la lèpre de Naaman. Pourquoi donc veut-il faire le Dieu partout, puisqu'il sait bien qu'il n'est pas Dieu du tout? Vantez-vous donc de votre force, ô impies du monde, qui ne voulez ni dire une prière, ni faire un acte d'adoration au grand Dieu du Ciel! Mais conjurez le Seigneur de ne jamais vous envoyer à guérir ni un scrofuleux, ni un malheureux attaqué du mal Saint-Méen.

Heureusement le prophète Elisée eut pitié du roi d'Israël. « Ne vous désespérez pas, fit-il dire à ce prince, envoyez-moi Naaman, et il saura ce que c'est qu'un prophète. » Ainsi ce serviteur de Dieu, pauvre, mal vêtu, qui a à peine une demeure à lui, se montre puissant et grand à où tremblent les grands et les puissants de la terre. N'est-il pas, en effet, par sa foi et par son intimité avec Dieu, au-dessus de tous les ministres, de tous les princes et de tous les rois? Comment voulez-vous qu'il ait peur d'une lèpre? Son adorable souverain n'est-il pas le Roi suprême qui commande à la vie et à la mort? Oh! qu'il y a loin de cette grandeur surnaturelle à toutes les grandeurs humaines!

C'est bien là ce que nous prêche tous les jours notre saint Méen, un simple abbé, si petit en comparaison de Charlemagne, le maître de l'Europe. Le grand empereur qui a fait tant de bruit par le monde, qui a jeté tant d'éclat à Attigny, n'existe plus que dans les livres; il n'a laissé qu'un souvenir de gloire, et il ne reste plus rien, dans notre belle vallée, de sa brillante cour et de ses vastes palais. La masse de nos Pèlerins ne pense guère à cet illustre monarque, quand elle entre dans notre ville et dans notre belle église; tous vont droit à l'autel de saint Méen, qui les guérit toujours après sa mort et qui vit ainsi dans tous les cœurs. N'est-ce pas là la vraie puissance et la véritable gloire? Charlemagne tombait lui-même à genoux et inclinait son sceptre devant cette royauté surnaturelle que notre aristocratie d'argent, d'industrie et de commerce, ne reconnaît plus que dans des jours d'épreuve. Et encore, comment? Il leur faudrait des coussins sous les genoux, comme à Naaman le païen.

Voyez-le, ce Pèlerin lépreux, il se présente à a porte du prophète avec un brillant cortége, une longue suite de valets et de voitures splendides, comme pour dire à Elisée : « Vous allez être bien honoré d'avoir à guérir une personne comme moi. » Mais qu'étaient toutes ces vanités pour un croyant qui avait vue dans les magnificences de la cour céleste? Loin de courir au-devant du grand et puissant généralissime de Syrie, Elisée ne lui ouvre pas même sa porte pour le recevoir. Il lui envoie dire par son serviteur : « Allez, lavez-vous sept fois dans le Jourdain, et vous serez guéri. » Comprenez-vous, chers Pèlerins? Naaman croyait éblouir le prophète, et Elisée qui aurait reçu un pauvre, ne daigne pas même saluer ce riche vaniteux. Seulement il consent à soulager sa misère, mais par un moyen propre à humilier son orgueil. Aussi écoutez :

« Comment, dit le lépreux en colère, c'est ainsi qu'il me reçoit, moi le généralissime de toutes les armées de Syrie!... » Quel ton de mépris! C'est ainsi qu'il me reçoit! Le puissant malade ne daigne pas même prononcer le nom du prophète : C'est ainsi qu'*il*... Ne dirait-on pas un impie de nos jours parlant de N. S.-P. le Pape ou de la religion catholique? « J'aurais cru, continue Naaman, qu'il serait venu au-devant de moi, et que debout devant moi, invoquant solennellement sur moi le nom de son Dieu, il aurait touché ma lèpre de ses doigts pour la guérir! Mais non, il m'envoie un domestique pour me dire d'aller me laver dans le Jourdain, et encore sept fois! C'est se moquer de moi! Croit-il que je m'abaisserai à toutes ses superstitions? Les beaux fleuves de Syrie, l'Abana et le Pharphar qui arrosent les plaines de Damas, valent mieux que tous ses ruisseaux d'Israël. »

Voilà bien, chers Pèlerins, le langage de nos esprits forts. Ils mesurent leur mérite à la rondeur de leur bourse, ou à l'étendue de leurs domaines, ou à la hauteur de leurs appartements, ou à l'ampleur de leur vêtement. Dites-leur de se mettre à genoux, à l'élévation; de prendre de l'eau bénite en entrant dans l'église, de faire un signe de croix, de baiser la châsse de saint Walfroid ou de saint Méen : « Un homme comme moi! vous diront-ils. Tout cela est bon pour des femmes, pour des enfants, ou pour des gens du peuple. Mais moi! me mettre à genoux devant un saint! Dieu sera assez honoré de me guérir. » Hélas! comme l'orgueil fait tourner les têtes! Ces misérables vont jusqu'à croire qu'une maladie n'est plus rebutante, quand elle s'est attachée à leur peau; il leur faudrait un évêque pour recevoir leur confession, un cardinal pour panser leurs ulcères. Aussi Naaman veut qu'on touche sa lèpre. Il ne croit pas que ce soit une lèpre comme une autre, comme celle d'un pauvre. Croyez-vous qu'il puisse être guéri? Oui, il le sera, mais lorsqu'il aura déposé son orgueil et accepté humblement les conditions du pèlerinage, comme vous allez voir.

Tandis que le généralissime indigné donnait tous les ordres de départ, quelques-uns de ses domestiques, s'approchant de lui, dirent humblement : « Père, si le prophète vous avait prescrit un remède difficile, assurément vous vous y seriez soumis pour vous délivrer de cette affreuse maladie. Pourquoi donc ne l'écouteriez-vous pas, quand il vous demande d'aller vous laver sept fois dans le Jourdain. Est-il rien de plus facile? Serait-ce acheter votre guérison trop cher? »

Ah! chers Pèlerins, tout-à-l'heure vous avez entendu le langage de l'esprit, maintenant vous entendez parler la foi, la simplicité campagnarde. Que de bon sens dans ces domestiques qui n'ont pas assez de génie pour raisonner avec le bon Dieu, et qui croient qu'un saint est un saint, et que le Seigneur est le grand Maître! Il fallait que Naaman redescendît à cette humilité pour obtenir un miracle, car Dieu se plaît à confondre les superbes, comme il donne sa grâce aux petits.

Eclairé par ses domestiques mieux que par les philosophes, le puissant ministre comprit enfin qu'il était un homme comme un autre, et consentit à marcher par les voies de l'humilité. Descendant de son char, il se lava *sept fois dans le Jourdain,* selon l'ordre du prophète, et il fut guéri. C'étaient là les petites conditions, les petites pratiques auxquelles Dieu voulait attacher ses faveurs, comme pour vous, chers Pèlerins, les processions dans l'église peut-être, les petites chandelles, les baisers à la châsse de saint Méen, l'eau de la fontaine ou de la rivière, etc. Pourquoi ne pas se soumettre à ces petits riens qui peuvent vous rendre le Ciel propice?

Mais continuons : Naaman ayant été guéri, malgré son état de péché, se convertit au vrai Dieu et jure de ne plus retourner à ses idoles; voilà ce que Dieu se propose, dans sa miséricorde infinie, en accordant des faveurs temporelles aux pécheurs : la sanctification de leurs âmes, comme aussi de récompenser les vertus humaines qu'ils ont pu pratiquer et qui ne sont pas à la hauteur de la gloire éternelle. Ecoutez.

Le ministre de Syrie vint donc avec toute sa suite pour remercier l'homme de Dieu, et se tenant debout devant lui : « Je sais maintenant, lui dit-il, qu'il n'y a point d'autre Dieu dans toute la terre que le Dieu d'Israël. Je vous conjure donc de recevoir ce que votre serviteur vous offre en reconnaissance des bienfaits de Dieu. » Quel changement ! Naaman s'appelle maintenant le serviteur d'Elisée, lui qui tout-à-l'heure ne daignait pas prononcer le nom du prophète ! C'est qu'il a vu, à la lumière de la foi, où est la véritable grandeur. Pour Elisée, il est toujours le même, parce que le juste est stable comme le soleil. «Vive le Seigneur en présence duquel je suis ! dit le prophète. Je ne recevrai rien de vous. » Et quelqu'instance que fît Naaman, l'homme de Dieu ne voulut jamais céder. « Il faut faire ce que vous voulez, reprit le lépreux guéri en son âme comme en son corps ; mais je vous en conjure, permettez à votre serviteur d'emporter la charge de deux mulets de la terre de ce pays, car à l'avenir votre serviteur n'offrira plus de victimes aux dieux étrangers, il ne sacrifiera qu'au Seigneur. » Ah ! chers Pèlerins, puissiez-vous trouver ainsi à Attigny, devant l'autel de saint Méen, une conversion parfaite, et après votre guérison ne plus retourner à vos mauvaises habitudes. Ce serait la plus belle offrande que vous pourriez faire au Seigneur, en reconnaissance de ses miracles.

Mais encore un mot. Voyons la fin, elle pourra être très-utile aux vendeurs de prières et aux marchandes de neuvaines et de pèlerinages.

Naaman s'en retournait, et il avait déjà fait une lieue de chemin, quand Giégi, serviteur d'Elisée, dit en lui-même : « Mon maître est trop généreux ; il a trop épargné ce Syrien, en refusant ses offrandes. Vive le Seigneur ! Je vais courir après le Pèlerin, et j'en recevrai quelque chose. » Giégi s'en alla donc après Naaman qui, le voyant venir de loin, sauta en bas de son char, et venant au-devant de lui, demanda ce qu'il y avait de survenu. « Tout va bien, répondit Giégi ; mais mon maître m'a envoyé vers vous, parce que deux jeunes hommes, des enfants des prophètes, viennent de lui arriver de la montagne d'Ephraïm. Il vous prie de me donner pour eux un talent d'argent et deux vêtements. » Il vaux mieux que je vous donne deux talents, dit Naaman, et il le contraignit de les recevoir; puis les ayant mis dans deux sacs, il en chargea deux de ses serviteurs qui les portèrent devant Giégi. Le soir étant venu, le serviteur d'Elisée les prit de leurs mains et les serra dans sa maison; ensuite, après avoir congédié les serviteurs de Naaman, il se présenta devant son maître. « D'où venez-vous? lui dit Elisée. — Je n'ai été nulle part, répondit le serviteur. » Toujours le mensonge! Quand la conscience n'est pas en règle, il faut bien se cacher. Mais Elisée lui dit : « Est-ce que je n'étais pas présent en esprit, quand cet homme est descendu de son char pour venir au-devant de vous? Je sais ce que vous avez demandé et ce que vous avez reçu. Voilà donc que vous avez de l'argent et des habits pour acheter des plants d'oliviers, des vignes, des bœufs, des brebis, des serviteurs et des servantes. Mais aussi la lèpre de Naaman s'attachera à vous et à votre race à jamais. » Et Giégi se retira de devant son maître! Il était couvert de lèpre depuis les pieds jusqu'à la tête (1).

(1) IV Reg., 5, 1, etc.

A vous, commerçants de prières! comprenez la conclusion de cette histoire sacrée. Je ne vois pas de métier plus dangereux que le vôtre, car il est facile d'attacher son cœur à l'argent. Garde à vous donc! Vous n'aurez peut-être pas le mal Saint-Méen, mais vous pourriez bien avoir une lèpre plus redoutable, la lèpre du péché. Eloignez-vous donc de tout esprit de trafic, et si vous ne voulez pas renoncer tout-à-fait à votre périlleux commerce, au moins ne demandez jamais rien, ne recevez qu'à titre d'aumône, et acquittez-vous fidèlement de vos obligations, faisant autant de neuvaines, autant de pèlerinages qu'on vous en demande, sans jamais les réunir par cupidité, ou sans les faire faire au rabais.

PRIÈRES
A L'USAGE DES PÈLERINS.

PRIÈRE A JÉSUS-CHRIST
A RÉCITER TOUS LES JOURS DE LA NEUVAINE, AU MATIN.

Seigneur Jésus, mon adorable Rédempteur, daignez regarder avec bonté les témoignages de vénération et de confiance que je rends, pendant ces neuf jours, à la mémoire du glorieux saint Méen, qui durant toute sa vie a été animé du zèle le plus ardent pour le salut des âmes, et dont vous avez manifesté tant de fois le pouvoir auprès de vous. Accordez-moi, par son intercession, la délivrance de la maladie et des douleurs qui me tourmentent. *Si vous le voulez,*

Seigneur (1), *vous pouvez me guérir.* Il est vrai que je n'ai que trop mérité cette peine par la multitude et la grandeur de mes péchés. Mais, ô Dieu de toute consolation, après avoir exercé sur moi votre justice, faites-moi sentir les effets de votre miséricorde, en me rendant la santé, que je ne veux employer, désormais, qu'à remplir avec fidélité les devoirs de mon état; ou s'il est plus utile à votre gloire et à mon salut que je continue de souffrir, que votre saint nom soit à jamais béni, ô mon Dieu! mais fortifiez-moi par votre grâce, afin qu'à l'exemple de saint Méen, sanctifiant mes peines par la patience, je les rende méritoires pour le Ciel.

PRIÈRE
A LA TRÈS-SAINTE VIERGE, PATRONNE DE L'ÉGLISE D'ATTIGNY.

Souvenez-vous, ô très-pieuse Vierge Marie, qu'on n'a jamais entendu dire qu'aucun de ceux qui ont eu recours à votre protection, imploré votre secours et demandé vos suffrages, ait été abandonné. Animé d'une pareille confiance, ô Vierge, Mère des Vierges, je cours, je viens à

(1) Math., 8.

vous, et gémissant en votre présence sous le poids de mes péchés, je me prosterne à vos pieds. O Mère du Verbe, ne méprisez pas mes prières, mais écoutez-les favorablement et daignez les exaucer.

Faites voir que vous êtes notre mère, et que celui qui, pour nous sauver, a bien voulu naître de vous, reçoive par vous nos prières.

Monstra te esse matrem ;
Sumat per te preces
Qui, pro nobis natus,
Tulit esse tuus,

PRIÈRE A SAINT MÉEN, A RÉCITER TROIS FOIS PAR JOUR PENDANT LA NEUVAINE.

Bienheureux saint Méen, qui, après avoir renoncé de bonne heure au monde pour vous consacrer plus particulièrement au service du Seigneur, avez employé tous les instants de votre vie à procurer sa gloire, à travailler au salut des âmes et à votre sanctification, grand saint, qui, par des guérisons innombrables, opérées depuis tant de siècles par votre intercession, avez fait ressentir à tous ceux qui vous ont invoqué avec confiance, et spécialement dans cette paroisse, le grand crédit que vous avez auprès de Dieu, daignez, au nom et par les mérites de J.-C., vous intéresser pour moi, qui gémis dans cette vallée de larmes. Employez en ma faveur le pouvoir dont vous jouissez dans le Ciel, afin que je sois délivré des maux et des infirmités qui m'affligent. Si, au contraire, il plaît au Seigneur de m'éprouver ou de me punir encore par la continuation de mon mal, que sa volonté soit faite, et non pas la mienne, et que son saint nom en soit à jamais béni! Mais alors obtenez-moi la grâce de le supporter en vrai Chrétien, avec une patience inaltérable et une entière soumission à la volonté divine, afin que ces souffrances passagères ne soient point perdues pour le Ciel, et qu'elles servent à me faire éviter les souffrances éternelles. C'est la faveur que je vous supplie de demander pour moi à Jésus-Christ, dans l'amour de qui je veux vivre et mourir. Ainsi soit-il.

PRIÈRE QU'ON PEUT FAIRE QUAND ON SE MET EN CHEMIN.

Seigneur, qui avez fait passer les enfants d'Israël au travers de la mer Rouge, qui avez envoyé un ange au jeune Tobie pour le conduire dans un pays qu'il ne connaissait pas, et qui avez montré aux trois Mages le chemin qu'ils devaient suivre, en leur donnant pour guide une étoile, accordez-nous par votre miséricorde un heureux voyage et un temps favorable, afin qu'accompagnés de votre saint Ange, nous puissions arriver sans aucun accident au lieu où nous allons, et enfin parvenir un jour au port du salut éternel. Ainsi soit-il.

TABLE DES MATIÈRES.

FIN.

CHARLEVILLE, TYP. ET LITH. DE A. POUILLARD. (7388)

www.ingramcontent.com/pod-product-compliance
Ingram Content Group UK Ltd.
Pitfield, Milton Keynes, MK11 3LW, UK
UKHW020147200726
13856UKWH00003B/879

9 782013 07303